EDGARDO FERNANDEZ CLIMENT

Hackeando al Hacker

Mis 10 Técnicas de Ciberseguridad No Convencionales Favoritas

Copyright © 2024 by Edgardo Fernandez Climent

All rights reserved. No part of this publication may be reproduced, stored or transmitted in any form or by any means, electronic, mechanical, photocopying, recording, scanning, or otherwise without written permission from the publisher. It is illegal to copy this book, post it to a website, or distribute it by any other means without permission.

Edgardo Fernandez Climent has no responsibility for the persistence or accuracy of URLs for external or third-party Internet Websites referred to in this publication and does not guarantee that any content on such Websites is, or will remain, accurate or appropriate.

Trademarks mentioned in this book are the property of their respective owners, who are not affiliated with the author. Nothing contained in this book should be construed as granting any license or right to use any third-party trademarks without the written permission of such third party that may own the trademarks.

Todos los derechos reservados. Ninguna parte de esta publicación puede ser reproducida, almacenada o transmitida de ninguna forma ni por ningún medio, electrónico, mecánico, fotocopiando, grabando, escaneando o de cualquier otra manera sin el permiso escrito del editor. Es ilegal copiar este libro, publicarlo en un sitio web o distribuirlo por cualquier otro medio sin permiso.

Las marcas mencionadas en este libro son propiedad de sus respectivos dueños, quienes no están afiliados con el autor. Nada contenido en este libro debe interpretarse como la concesión de ninguna licencia o derecho para usar cualquier marca registrada de terceros sin el permiso escrito de dicho tercero que pueda ser propietario de las marcas registradas.

First edition

This book was professionally typeset on Reedsy.
Find out more at reedsy.com

A mi familia, que me da todo el amor del mundo.
Los amo.
Edgardo

Contents

Prefacio	1
Capítulo 1: El Panorama de la Ciberseguridad	5
El Paisaje de Amenazas en Evolución	6
El Factor Humano	7
La Necesidad de Pensamiento No Convencional	8
El Papel de las Técnicas No Convencionales	9
Conclusión	10
Capítulo 2: Técnica 1: Biométrica de Comportamiento para la...	12
Introducción	12
Comprendiendo la Biometría de Comportamiento	14
Implementación de la Biometría de Comportamiento	16
Limitaciones y Consideraciones	21
Direcciones Futuras y Tendencias Emergentes	22
Estudio de Caso: Implementación de la Biometría de Comportamiento en una Empresa Global	25
Conclusión y Llamado a la Acción	28
Capítulo 3: Técnica 2: Sistemas de Señuelos (Honeypots y...	31
Introducción	31
Comprendiendo los Honeypots y Honeynets	33
Tipos de Honeypots y Honeynets	34
Despliegue de Honeypots y Honeynets	36
Estudios de Caso y Ejemplos	41

Conclusión	44
Capítulo 4: Técnica 3: Honeytokens	**46**
Introducción	46
Comprendiendo los Honeytokens	48
Diseño y Despliegue de Honeytokens	50
Mejores Prácticas y Errores Comunes	54
Historias de Éxito de Honeytokens	57
Limitaciones y Consideraciones	61
El Futuro de los Honeytokens	65
Conclusión	68
Capítulo 5: Técnica 4: Búsqueda de Amenazas Impulsada por IA	**70**
Introducción	70
Comprendiendo la Búsqueda de Amenazas Impulsada por IA	72
Conceptos y Técnicas Clave	73
Diseñando e Implementando un Programa de Búsqueda de Amenazas Impulsado por IA	80
Ejemplos del Mundo Real y Estudios de Caso	86
Conclusión y Puntos Clave	91
Capítulo 6: Técnica 5: Criptografía Cuántica para...	**95**
Introducción	95
Los Fundamentos de la Mecánica Cuántica	97
Distribución Cuántica de Claves (QKD)	100
Generación Cuántica de Números Aleatorios (QRNG)	104
Otros Protocolos Criptográficos Cuánticos	108
Desafíos y Limitaciones	112
Direcciones Futuras	116
Conclusión	120
Capítulo 7: Técnica 6: Blockchain para la Integridad de los...	**122**

Introducción	122
Comprendiendo la Tecnología Blockchain	124
Blockchain para la Procedencia y Autenticidad de los Datos	128
Implementando Blockchain para la Integridad de los Datos	131
Desafíos y Consideraciones	138
Conclusión	141
Capítulo 8: Técnica 7: Simulación Adversaria (Red Teaming)	**144**
Introducción	144
Comprender la Simulación Adversaria	146
Planificación y Ejecución de una Operación de Equipo Rojo	149
Aprendiendo de Ejemplos Reales de Red Teaming	158
Conclusión	164
Capítulo 9: Técnica 8: Orquestación, Automatización y...	**167**
Introducción	167
Comprendiendo SOAR	169
Componentes de SOAR	173
Beneficios y Desafíos de SOAR	179
Implementación de SOAR	183
Estudios de Caso de SOAR en Acción	188
Conclusión	195
Capítulo 10: Técnica 9: Simulación de Amenazas Persistentes...	**198**
Introducción	198
Comprendiendo las APT y su Impacto	200
Marcos y Metodologías de Simulación de APT	205
Diseñando y Ejecutando Ejercicios de Simulación de APT	210
Conclusión	218

Capítulo 11: Técnica 10: Arquitectura de Confianza Cero   220
   Introducción   220
   Comprendiendo la Arquitectura de Confianza Cero   223
   Componentes de la Arquitectura de Confianza Cero   225
   Beneficios y Desafíos de la Confianza Cero   231
   Implementación de la Confianza Cero: Una Guía Paso a Paso   236
   Historias de Éxito de la Adopción de la Confianza Cero   241
   Conclusión   246
Capítulo 12: Elaboración de una Estrategia de Ciberseguridad...   249
   Introducción   249
   Principios de una Estrategia de Ciberseguridad No Convencional 251
   Pasos para Elaborar una Estrategia de Ciberseguridad No Convencional   255
   Integración de Técnicas No Convencionales en una Arquitectura de Seguridad Coherente   264
   Adaptación de la Ciberseguridad No Convencional a Diferentes Contextos Organizacionales   269
   Construyendo una Cultura de Ciberseguridad No Convencional   274
   Conclusión   279
Apéndice A: Glosario de Términos y Conceptos Clave   282
Apéndice B: Herramientas y Software Recomendados para...   285
Apéndice C: Recursos Adicionales y Lecturas Recomendadas   289
About the Author   293
Also by Edgardo Fernandez Climent   295

Prefacio

En el siempre cambiante panorama de la ciberseguridad, las amenazas crecen en sofisticación y frecuencia, desafiando incluso a las defensas más robustas. A medida que las medidas de seguridad tradicionales luchan por mantenerse al ritmo de la ingeniosidad de los *hackers*, se ha vuelto cada vez más claro que las técnicas no convencionales no son solo una opción, sino una necesidad. Este libro, "**Hackeando al Hacker: Mis 10 Técnicas de Ciberseguridad No Convencionales Favoritas**", es un testimonio del poder de pensar fuera de la caja y abrazar la innovación frente a las implacables amenazas cibernéticas.

A lo largo de mis años como experto en ciberseguridad, he sido testigo de las limitaciones de los enfoques convencionales de primera mano. Aunque son esenciales, los cortafuegos (*firewalls*), el software antivirus y las actualizaciones regulares ya no son suficientes para protegerse contra las tácticas en constante evolución de los ciberdelincuentes. Es hora de adoptar una nueva mentalidad que desafíe el status quo y se atreva a explorar territorios inexplorados en ciberseguridad.

En este libro, presento mis 10 técnicas de ciberseguridad no convencionales favoritas, cada una cuidadosamente seleccionada por su efectividad probada y su potencial para revolucionar la seguridad. Desde aprovechar la biometría conductual para la autenticación hasta aprovechar el poder de la inteligencia artificial para la caza de amenazas, estas técnicas representan la vanguardia de la innovación en ciberseguridad.

Al profundizar en la mentalidad del *hacker* y comprender las motivaciones y métodos de nuestros adversarios, podemos desarrollar estrategias que anticipen y contrarresten sus movimientos. Este libro te guiará a través de la integración de estas técnicas no convencionales en tu infraestructura de seguridad, proporcionando instrucciones paso a paso, ejemplos del mundo real y valiosas ideas de mis experiencias.

Descubrirás el valor estratégico de los sistemas señuelo, como los *honeypots* y *honeynets*, en atraer a los atacantes lejos de los activos críticos y recopilar información sobre sus tácticas. Aprenderás a desplegar *honeytokens*, fragmentos de datos engañosos diseñados para detectar acceso no autorizado y alertar a los equipos de seguridad sobre posibles violaciones.

A medida que exploramos tecnologías avanzadas, obtendrás una comprensión profunda de cómo la inteligencia artificial puede revolucionar la caza de amenazas, permitiendo la detección y respuesta proactiva a las anomalías más sutiles. También profundizaremos en el fascinante mundo de la criptografía cuántica, examinando su potencial para asegurar las comunicaciones frente a la inminente revolución de la computación cuántica.

El libro también aborda la importancia crítica de la integridad de los datos, mostrando cómo se puede aprovechar la tecnología *blockchain* para crear registros inviolables y proteger información sensible. Aprenderás el arte de la simulación adversarial y el *red teaming*, y descubrirás cómo usarlos para identificar vulnerabilidades y fortalecer tus defensas.

Exploraremos el poder de la automatización a través de soluciones de Orquestación, Automatización y Respuesta de Seguridad (SOAR), optimizando los flujos de trabajo de detección y respuesta a amenazas para maximizar la eficiencia y efectividad. Además, obtendrás conocimientos sobre ejercicios de simulación de Amenazas Persistentes Avanzadas (APT), construyendo resiliencia contra los atacantes más sofisticados y persistentes.

Finalmente, exploraremos los principios de la arquitectura de Confianza Cero, un cambio de paradigma en ciberseguridad que asume que las violaciones son inevitables y se enfoca en la verificación continua y el acceso de menor privilegio. Al adoptar una mentalidad de confianza cero, las organizaciones pueden reducir significativamente su superficie de ataque y minimizar el impacto de las violaciones exitosas.

A lo largo de este libro, compartiré mi conocimiento y experiencias, proporcionándote las herramientas y estrategias necesarias para mantenerte un paso adelante de los *hackers*. Sin embargo, esto no es solo una colección de técnicas; es un llamado a la acción, un grito de guerra para que los profesionales de la ciberseguridad abracen el pensamiento no convencional y desafíen las normas.

Mientras te embarcas en este viaje, recuerda que la ciberseguridad no se trata solo de tecnología, sino también de personas, procesos y un compromiso compartido para proteger nuestro mundo digital. Al fomentar una cultura de aprendizaje continuo, colaboración e innovación, podemos construir un futuro donde los buenos siempre se mantengan por delante de los malos.

Así que, ya sea que seas un profesional experimentado en ciberseguridad que busca ampliar su arsenal o un recién llegado ansioso por aprender de los mejores, este libro será tu guía para dominar la ciberseguridad no convencional. Juntos, redefiniremos los límites de lo posible y forjaremos un camino hacia un paisaje digital más seguro.

Prepárate para hackear a los *hackers* y llevar tus habilidades de ciberseguridad al siguiente nivel. El viaje comienza ahora.

Capítulo 1: El Panorama de la Ciberseguridad

En el vasto y complejo mundo de la ciberseguridad, la única constante es el cambio. A medida que la tecnología avanza a un ritmo sin precedentes, también lo hacen las amenazas que buscan explotar sus vulnerabilidades. El panorama de la ciberseguridad moderna es un campo de batalla donde las apuestas son altas y los adversarios son implacables. En este capítulo, exploraremos el estado actual de la ciberseguridad, examinando los desafíos que enfrentamos y la urgente necesidad de pensar de manera no convencional en la lucha contra las amenazas cibernéticas.

El Paisaje de Amenazas en Evolución

Los ciberdelincuentes, los actores estatales y los hacktivistas adaptan constantemente sus tácticas, técnicas y procedimientos (TTPs) para eludir las medidas de seguridad tradicionales. Los días del *malware* simple y los ataques de fuerza bruta han quedado atrás, reemplazados por operaciones sofisticadas y de múltiples etapas que pueden superar incluso las defensas más robustas.

El *ransomware*, una vez una molestia menor, se ha convertido en una industria de miles de millones de dólares. Ataques como WannaCry y NotPetya causan interrupciones generalizadas y pérdidas financieras. El auge del *ransomware* como servicio (RaaS) ha reducido la barrera de entrada para los aspirantes a atacantes, permitiéndoles lanzar campañas con una mínima experiencia técnica.

Las Amenazas Persistentes Avanzadas (APT) han surgido como una preocupación significativa para organizaciones de todos los sectores. Estos adversarios altamente capacitados y bien financiados pueden llevar a cabo operaciones a largo plazo y sigilosas para robar datos sensibles, interrumpir operaciones o establecer una presencia persistente dentro de una red objetivo. El ataque a la cadena de suministro de SolarWinds, descubierto a finales de 2020, sirve como un recordatorio sobrio de la sofisticación y escala de las campañas APT modernas.

El Internet de las Cosas (IoT) también ha introducido nuevas vulnerabilidades, ya que miles de millones de dispositivos conectados, desde hogares inteligentes hasta sistemas de control industrial, amplían la superficie de ataque. Muchos dispositivos IoT carecen de características de seguridad básicas, lo que los convierte en objetivos fáciles para los *hackers* que buscan obtener un punto de apoyo en una red o lanzar ataques distribuidos de denegación de servicio (DDoS).

A medida que el trabajo remoto se convierte en la norma después de la pandemia de COVID-19, las organizaciones enfrentan nuevos desafíos para asegurar su fuerza laboral distribuida. La adopción rápida de servicios en la nube, soluciones de acceso remoto y plataformas de colaboración ha creado nuevas oportunidades para que los atacantes exploten configuraciones erróneas, contraseñas débiles y vulnerabilidades sin parches.

El Factor Humano

En medio de la carrera armamentista tecnológica, es fácil pasar por alto el elemento humano en la ciberseguridad. A pesar de los avances en herramientas y técnicas de seguridad, los humanos siguen siendo el eslabón más débil en la cadena de defensa. Los ataques de ingeniería social, como el *phishing* y *spear-phishing*, continúan siendo altamente efectivos. Explotan la confianza y la curiosidad de las víctimas desprevenidas para obtener acceso a datos o sistemas sensibles.

El aumento del trabajo remoto solo ha exacerbado este problema, ya que los empleados que trabajan desde casa pueden ser más susceptibles a los intentos de *phishing* y menos propensos a seguir las mejores prácticas de seguridad. La difuminación de las vidas personales y profesionales, junto con el estrés y la incertidumbre de la pandemia, ha creado una tormenta perfecta para los ataques de ingeniería social.

Para combatir esta amenaza, las organizaciones deben priorizar la capacitación en concienciación sobre seguridad y fomentar una cultura de vigilancia y escepticismo. Los empleados deben ser enseñados a reconocer y reportar correos electrónicos, sitios web y publicaciones en redes sociales sospechosos, y a seguir una higiene básica de seguridad, como usar contraseñas fuertes y habilitar la autenticación de múltiples factores.

La Necesidad de Pensamiento No Convencional

Frente a estos desafíos, está claro que los enfoques tradicionales de ciberseguridad no son suficientes. Si bien son esenciales, los cortafuegos, el software antivirus y la gestión de parches no pueden seguir el ritmo de la velocidad y sofisticación de las amenazas modernas. Debemos adoptar un pensamiento no convencional y explorar nuevas estrategias y tecnologías para mantenernos a la vanguardia.

Esto requiere un cambio de mentalidad de un enfoque reactivo y basado en el cumplimiento a uno proactivo y basado en el riesgo. En lugar de centrarnos únicamente en prevenir las violaciones, debemos asumir que las violaciones son inevitables y priorizar la detección, respuesta y resiliencia. Esto significa invertir en capacidades avanzadas de detección y caza de amenazas, automatizar los flujos de trabajo de respuesta a incidentes y probar regularmente nuestras defensas a través de simulaciones adversariales y pruebas de penetración.

También significa mirar más allá del perímetro de seguridad tradicional y adoptar una arquitectura de confianza cero, donde cada usuario, dispositivo y aplicación se trate como no confiable hasta que se demuestre lo contrario. Al implementar controles de acceso granulares, monitoreo continuo y autenticación adaptativa, podemos reducir la superficie de ataque y minimizar el impacto de las violaciones exitosas.

Además, debemos reconocer que la ciberseguridad no es solo un problema técnico, sino también un problema empresarial y social. La ciberseguridad efectiva requiere colaboración y compartir información a través de organizaciones, industrias y gobiernos. Debemos romper los silos y fomentar una cultura de transparencia y confianza, donde el conocimiento de las amenazas y las mejores prácticas se comparta libremente por el bien común.

Esto también significa involucrarse con los responsables políticos y reguladores para asegurar que la ciberseguridad sea una prioridad en los niveles nacional e internacional. A medida que las amenazas cibernéticas continúan evolucionando, también deben hacerlo nuestras leyes y regulaciones, asegurando que las organizaciones sean responsables de proteger los datos y la privacidad de sus clientes y empleados.

El Papel de las Técnicas No Convencionales

En los capítulos siguientes, exploraremos diez técnicas de ciberseguridad no convencionales que tienen el potencial de revolucionar la seguridad. Estas técnicas, que van desde la biometría conductual hasta la criptografía cuántica, representan la vanguardia de la innovación en ciberseguridad y ofrecen nuevas formas de detectar, prevenir y responder a las amenazas cibernéticas.

Al aprovechar estas técnicas, las organizaciones pueden obtener una ventaja estratégica sobre sus adversarios y mantenerse un paso adelante incluso de los ataques más sofisticados. Sin embargo, estas técnicas no son una solución mágica y deben integrarse en una estrategia de seguridad integral que incluya personas, procesos y tecnología.

Cada técnica se examinará en detalle, con guías de implementación paso a paso, ejemplos del mundo real de su efectividad y discusiones sobre limitaciones y consideraciones. Al final de este libro, los lectores tendrán una comprensión profunda de cómo integrar estas técnicas no convencionales en su infraestructura de seguridad y cómo adaptarse e innovar frente a amenazas nuevas y emergentes.

Conclusión

El panorama de la ciberseguridad es complejo y siempre cambiante, con nuevas amenazas y desafíos emergiendo cada día. Para mantenerse a la vanguardia, debemos adoptar un pensamiento no convencional y explorar nuevas estrategias y tecnologías que nos den una ventaja estratégica sobre nuestros adversarios.

Comprender el estado actual de la ciberseguridad, el paisaje de amenazas en evolución y el papel del factor humano puede ayudarnos a desarrollar un enfoque más proactivo y resiliente para la seguridad. Al aprovechar técnicas no convencionales, podemos detectar, prevenir y responder incluso a los ataques más sofisticados.

Sin embargo, este es un viaje que no podemos emprender solos. La ciberseguridad efectiva requiere colaboración, intercambio de información y un compromiso para proteger nuestro mundo digital. Implica involucrarse con los responsables políticos y reguladores y reconocer que la ciberseguridad no es solo un problema técnico, sino un problema social.

A medida que emprendemos este viaje juntos, recordemos que la ciberseguridad no es un destino, sino un proceso continuo de aprendizaje, adaptación e innovación. Al adoptar un pensamiento no convencional y trabajar juntos hacia un objetivo común, podemos construir un futuro digital más seguro y resiliente para todos.

Capítulo 2: Técnica 1: Biométrica de Comportamiento para la Autenticación

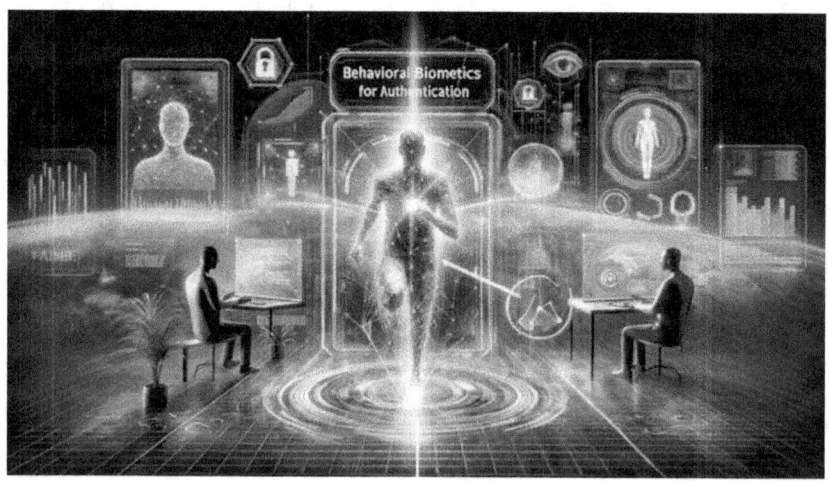

Introducción

En el panorama de la ciberseguridad, que evoluciona constantemente, los métodos de autenticación tradicionales, como las contraseñas y los PIN, no son suficientes para proteger contra ataques sofisticados. Los hackers se están volviendo más hábiles en romper o robar estas credenciales estáticas, lo que resalta la necesidad de técnicas de autenticación más robustas y dinámicas. La biometría de comportamiento ofrece un nuevo paradigma en la autenticación de usuarios, aprovechando los patrones de comportamiento únicos de las personas para establecer la identidad y prevenir el acceso no autorizado.

La biometría de comportamiento es un campo en rápido crecimiento que analiza las interacciones distintas de un usuario con dispositivos y sistemas para crear un perfil de comportamiento único. Al monitorear y aprender continuamente de estas interacciones, los sistemas de biometría de comportamiento pueden detectar anomalías y posibles amenazas en tiempo real, proporcionando una capa adicional de seguridad que los métodos de autenticación tradicionales no pueden igualar.

En este capítulo, exploraremos los conceptos fundamentales de la biometría de comportamiento, las estrategias de implementación y las aplicaciones en el mundo real. Examinaremos los diversos tipos de datos de comportamiento que se pueden recopilar y analizar, los algoritmos de aprendizaje automático que impulsan estos sistemas, y los desafíos y consideraciones involucrados en el despliegue de la biometría de comportamiento en un entorno empresarial.

Ya sea que seas un profesional de la ciberseguridad buscando mejorar tus estrategias de autenticación o un líder empresarial que busca proteger los activos y la reputación de tu organización, este capítulo te proporcionará el conocimiento y las herramientas necesarias para aprovechar el poder de la biometría de comportamiento para la autenticación.

Comprendiendo la Biometría de Comportamiento

La biometría de comportamiento se basa en la premisa de que las personas exhiben patrones de comportamiento únicos al interactuar con dispositivos y sistemas digitales. Estos patrones pueden incluir la dinámica de las pulsaciones de teclas, los movimientos del ratón, los gestos en la pantalla táctil, los ritmos de escritura e incluso cómo un usuario navega por aplicaciones y sitios web.

A diferencia de las modalidades biométricas tradicionales, como las huellas dactilares o el reconocimiento facial, que se basan en características físicas estáticas, la biometría de comportamiento se enfoca en rasgos dinámicos y dependientes del contexto que son inherentemente más difíciles de replicar o falsificar. Un *hacker* puede ser capaz de robar la contraseña de un usuario, pero es mucho más difícil imitar su velocidad de escritura, los patrones de movimiento del ratón o la forma en que sostiene y desliza su teléfono inteligente.

El poder de la biometría de comportamiento radica en su capacidad para monitorear y adaptarse continuamente al comportamiento de un usuario con el tiempo. Al recopilar y analizar grandes cantidades de datos de comportamiento, estos sistemas pueden crear un perfil altamente preciso y en constante evolución de la "firma" digital única de cada usuario. Este perfil puede luego detectar anomalías y posibles amenazas en tiempo real, como un cambio repentino en la velocidad de escritura o un patrón inusual de movimientos del ratón que pueden indicar que un hacker intenta obtener acceso no autorizado.

Tipos de Datos de Comportamiento

Los sistemas biométricos de comportamiento pueden recopilar y analizar varios puntos de datos de comportamiento, dependiendo del caso de uso específico y de los dispositivos o sistemas que se estén monitoreando. Algunos de los tipos de datos de comportamiento más comúnmente utilizados incluyen:

1. **Dinámica de Pulsaciones de Teclas:** Esto implica analizar la velocidad de escritura de un usuario, el ritmo y el tiempo entre pulsaciones de teclas. La dinámica de las pulsaciones de teclas puede ser muy efectiva para detectar intentos de suplantación, ya que incluso los hackers hábiles pueden tener dificultades para replicar los patrones de escritura únicos de un usuario.

2. **Dinámica del Ratón:** Similar a la dinámica de las pulsaciones de teclas, la dinámica del ratón se enfoca en cómo los usuarios interactúan con un ratón o un *trackpad*. Esto puede incluir la velocidad y aceleración de los movimientos del ratón, los patrones de clics e incluso cómo un usuario navega entre diferentes elementos en una pantalla.

3. **Gestos en la Pantalla Táctil:** Con la proliferación de teléfonos inteligentes y tabletas, los gestos en la pantalla táctil se han convertido en una fuente de datos de comportamiento cada vez más importante. Los sistemas biométricos de comportamiento pueden analizar cómo un usuario toca, desliza y amplía en una pantalla táctil, así como la presión y el tamaño de sus dedos.

4. **Patrones de Uso de Aplicaciones:** Al monitorear cómo los usuarios interactúan con aplicaciones o sitios web específicos, los sistemas biométricos de comportamiento pueden crear un perfil detallado de sus hábitos y preferencias digitales. Esto puede incluir la frecuencia y duración del uso de la aplicación, cómo los usuarios navegan por

los menús y las pantallas, e incluso las características o funciones que utilizan con más frecuencia.

5. Patrones de Movimiento Físico: En algunos casos, los sistemas biométricos de comportamiento pueden incluso analizar los movimientos físicos de un usuario, como cómo caminan o sostienen su dispositivo. Esto puede ser particularmente útil para dispositivos móviles equipados con acelerómetros y giroscopios, que pueden detectar cambios sutiles en los patrones de movimiento que pueden indicar un usuario diferente.

Implementación de la Biometría de Comportamiento

Implementar un sistema biométrico de comportamiento requiere una planificación y ejecución cuidadosas, así como una comprensión profunda de los desafíos técnicos y organizativos. Esta sección proporcionará una guía paso a paso para integrar la biometría de comportamiento en tu infraestructura de seguridad, desde la recopilación y el análisis de datos hasta la inscripción de usuarios y el monitoreo continuo.

Paso 1: Define tu Caso de Uso

El primer paso en la implementación de la biometría de comportamiento es definir claramente tu caso de uso y los objetivos específicos que esperas lograr. ¿Estás buscando mejorar la autenticación de usuarios para transacciones de alto riesgo, como transferencias financieras o acceso a datos sensibles? ¿O estás más interesado en el monitoreo continuo y la detección de anomalías para prevenir la toma de cuentas y las amenazas internas?.

Comprender tu caso de uso te ayudará a guiar el proceso de toma de decisiones a lo largo de la implementación, desde los tipos de datos de comportamiento que recolectas hasta los algoritmos de aprendizaje automático que empleas.

Paso 2: Elige tus Fuentes de Datos

Una vez que hayas definido tu caso de uso, el siguiente paso es identificar las fuentes de datos de comportamiento específicas que vas a recopilar y analizar. Esto dependerá de los dispositivos y sistemas con los que interactúan tus usuarios y del nivel de granularidad y contexto que requieres.

Por ejemplo, si te preocupas principalmente por la autenticación de usuarios en computadoras de escritorio, puedes enfocarte en la dinámica de las pulsaciones de teclas y del ratón. Si te interesa más la seguridad móvil, los gestos en la pantalla táctil y los patrones de movimiento físico pueden ser más relevantes.

Es esencial equilibrar la recopilación de suficientes datos para crear perfiles de comportamiento precisos, respetando la privacidad del usuario y minimizando el impacto en el rendimiento del sistema.

Paso 3: Selecciona tus Algoritmos de Aprendizaje Automático

Los algoritmos de aprendizaje automático que analizan los datos recopilados y crean perfiles de usuarios están en el corazón de cualquier sistema biométrico de comportamiento. Hay una amplia gama de algoritmos disponibles, cada uno con sus fortalezas y debilidades, dependiendo del caso de uso específico y los tipos de datos.

Algunos de los algoritmos de aprendizaje automático más comúnmente utilizados en la biometría de comportamiento incluyen:

- **Máquinas de Vectores de Soporte (SVM):** Las SVM son particularmente adecuadas para problemas de clasificación binaria, como distinguir entre usuarios legítimos e impostores basándose en sus patrones de comportamiento.
- **Bosques Aleatorios (*Random Forests*):** Los bosques aleatorios son métodos de aprendizaje en conjunto que combinan múltiples árboles de decisión para mejorar la precisión y reducir el sobreajuste. Pueden ser efectivos para analizar datos de comportamiento complejos y de alta dimensión.
- **Redes Neuronales Profundas (DNN):** Las DNN son algoritmos poderosos que pueden aprender representaciones jerárquicas de datos. Son adecuadas para analizar datos de sensores en bruto, como lecturas de acelerómetros o gestos en la pantalla táctil.
- **Redes Neuronales Recurrentes (RNN):** Las RNN están diseñadas para manejar datos secuenciales, como la dinámica de las pulsaciones de teclas o los patrones de uso de aplicaciones a lo largo del tiempo. Pueden ser particularmente efectivas para analizar patrones temporales y detectar anomalías.

Al seleccionar algoritmos de aprendizaje automático, considera factores como el tamaño y la complejidad de tus datos, los recursos computacionales disponibles y la interpretabilidad y explicabilidad de los resultados.

Paso 4: Inscribe Usuarios y Construye Perfiles

Una vez que hayas seleccionado tus fuentes de datos y algoritmos de aprendizaje automático, el siguiente paso es inscribir a los usuarios y construir sus perfiles de comportamiento. Esto generalmente implica recopilar un conjunto básico de datos de comportamiento durante un período de tiempo, como unos días o semanas, para establecer un patrón "normal" de comportamiento para cada usuario.

Durante la inscripción, es esencial asegurarse de que los usuarios estén al tanto de los datos de comportamiento recopilados y cómo se utilizarán. Esto puede ayudar a construir confianza y transparencia y garantizar el cumplimiento de las regulaciones de privacidad relevantes, como el GDPR o el CCPA.

A medida que los usuarios interactúan con el sistema con el tiempo, sus perfiles de comportamiento continuarán evolucionando y adaptándose, lo que permitirá al sistema detectar cambios sutiles y anomalías que pueden indicar una posible amenaza.

Paso 5: Integra con los Sistemas de Seguridad Existentes

Para maximizar la efectividad de la biometría de comportamiento, es esencial integrarla con tu infraestructura de seguridad existente, como sistemas de gestión de identidad y acceso (IAM), plataformas de gestión de información y eventos de seguridad (SIEM) y motores de riesgo.

Esta integración puede combinar datos biométricos de comportamiento con otros factores contextuales, como la ubicación del usuario, el dispositivo o la red, para proporcionar una vista más completa del riesgo y permitir una toma de decisiones más precisa.

Por ejemplo, si un usuario intenta acceder a un recurso sensible desde una ubicación o dispositivo desconocido, y sus patrones de comportamiento no coinciden con su perfil establecido, el sistema puede activar pasos de autenticación adicionales o bloquear el acceso por completo.

Paso 6: Monitorea y Refina

Implementar la biometría de comportamiento no es un evento único, sino un proceso continuo de monitoreo, análisis y refinamiento. A medida que el comportamiento del usuario evoluciona y surgen nuevas amenazas, es crucial actualizar y adaptar continuamente tus perfiles de comportamiento y modelos de aprendizaje automático.

Esto puede implicar volver a entrenar periódicamente tus modelos con nuevos datos, ajustar los umbrales y parámetros para la detección de anomalías e incorporar comentarios de analistas de seguridad y respondedores a incidentes.

También es esencial evaluar regularmente el rendimiento y la efectividad de tu sistema biométrico de comportamiento, utilizando métricas como las tasas de aceptación falsa (FAR), las tasas de rechazo falso (FRR) y las tasas de error igual (EER). Al monitorear y optimizar continuamente estas métricas, puedes asegurarte de que tu sistema proporcione el más alto nivel de seguridad y experiencia del usuario.

Limitaciones y Consideraciones

Si bien la biometría de comportamiento ofrece beneficios significativos para la autenticación y la seguridad, es esencial estar al tanto de sus limitaciones y posibles desventajas. Algunas de las consideraciones clave incluyen:

1. **Preocupaciones de Privacidad:** La recopilación y el análisis de grandes cantidades de datos de comportamiento pueden plantear preocupaciones significativas de privacidad, particularmente si los usuarios no son conscientes de cómo se están utilizando sus datos. Por lo tanto, es esencial ser transparente sobre las prácticas de recopilación de datos y obtener el consentimiento explícito del usuario donde lo requiera la ley.

2. **Falsos Positivos y Negativos:** Al igual que cualquier sistema de aprendizaje automático, los algoritmos biométricos de comportamiento pueden generar a veces falsos positivos (identificando incorrectamente a usuarios legítimos como amenazas) o falsos negativos (no detectando amenazas reales). Es crucial ajustar y optimizar cuidadosamente el sistema para minimizar estos errores, y deben estar en marcha procesos de revisión y remediación manuales.

3. **Escalabilidad y Rendimiento:** Analizar grandes cantidades de datos de comportamiento en tiempo real puede ser computacionalmente intensivo, particularmente para despliegues a gran escala. Es esencial garantizar que el sistema esté correctamente diseñado y optimizado para manejar la carga esperada y monitorear el rendimiento y la utilización de recursos a lo largo del tiempo.

4. Experiencia del Usuario: Implementar la biometría de comportamiento puede a veces introducir fricciones o inconvenientes para los usuarios, principalmente si el sistema es demasiado sensible o requiere una reautenticación frecuente. Es esencial equilibrar la seguridad y la usabilidad y proporcionar orientación y apoyo claros para los usuarios que no estén familiarizados con el sistema.

A pesar de estas limitaciones, la biometría de comportamiento sigue siendo una herramienta poderosa y prometedora para mejorar la autenticación y prevenir el acceso no autorizado. Al considerar cuidadosamente estos factores y seguir las mejores prácticas para la implementación y el despliegue, las organizaciones pueden aprovechar todo el potencial de esta tecnología para mejorar su postura de seguridad y proteger sus activos más valiosos.

Direcciones Futuras y Tendencias Emergentes

A medida que miramos hacia el futuro de la biometría de comportamiento, hay varias tendencias y desarrollos emocionantes en el horizonte que prometen dar forma a la evolución de esta tecnología en los próximos años.

Una de las tendencias más significativas es la creciente integración de la biometría de comportamiento con otras tecnologías avanzadas, como la inteligencia artificial, el aprendizaje automático y la analítica de *big data*. Al combinar estas tecnologías, podemos crear modelos de comportamiento aún más sofisticados y precisos que pueden adaptarse y aprender con el tiempo, mejorando su capacidad para detectar y prevenir amenazas en tiempo real.

Por ejemplo, al aprovechar los algoritmos de aprendizaje profundo y los conjuntos de datos masivos del comportamiento de los usuarios, podemos entrenar sistemas biométricos de comportamiento para reconocer patrones y anomalías complejas que los enfoques basados en reglas tradicionales podrían pasar por alto. Del mismo modo, al integrar la biometría de comportamiento con la autenticación basada en el riesgo y el control de acceso adaptativo, podemos crear políticas de seguridad más dinámicas y conscientes del contexto que se ajusten al comportamiento cambiante del usuario y al panorama de amenazas.

Otra tendencia emergente es el uso de la biometría de comportamiento en nuevos y diversos dominios de aplicación más allá de los casos de uso tradicionales, como la banca en línea y la seguridad empresarial. Por ejemplo, la biometría de comportamiento se utiliza cada vez más en la industria automotriz para detectar la distracción y la fatiga del conductor y permitir experiencias en el vehículo más personalizadas y adaptativas.

En el sector de la salud, se está explorando la biometría de comportamiento como una herramienta para la detección temprana y el diagnóstico de trastornos neurológicos, como el Alzheimer y el Parkinson, al analizar los cambios en el comportamiento y los patrones de movimiento de los pacientes a lo largo del tiempo. En el sector educativo, la biometría de comportamiento se utiliza para detectar y prevenir el fraude y el plagio al analizar los patrones de escritura y mecanografía de los estudiantes.

A medida que la biometría de comportamiento madura y se expande a nuevos dominios, será esencial abordar los desafíos y limitaciones en curso, como las preocupaciones de privacidad, el sesgo algorítmico, la estandarización y la interoperabilidad. Esto requerirá una colaboración y un diálogo continuos entre proveedores de tecnología, investigadores, responsables de políticas y usuarios finales para garantizar que la biometría de comportamiento se desarrolle y despliegue de manera responsable y ética.

Al mismo tiempo, será esencial seguir invirtiendo en investigación y desarrollo para empujar los límites de lo que es posible con la biometría de comportamiento y explorar nuevas y novedosas aplicaciones que puedan beneficiar a la sociedad. Esto puede implicar el desarrollo de nuevas fuentes y sensores de datos de comportamiento, como dispositivos portátiles y sensores IoT, y la exploración de nuevos algoritmos y arquitecturas de aprendizaje automático para manejar volúmenes y complejidad crecientes de datos de comportamiento.

En última instancia, el futuro de la biometría de comportamiento es brillante, y esta tecnología tiene un inmenso potencial para transformar la forma en que abordamos la autenticación y la seguridad. Al mantenerse a la vanguardia de estas tendencias y desarrollos emergentes y trabajar juntos como comunidad para abordar los desafíos y oportunidades en curso, podemos ayudar a dar forma a un futuro digital más seguro y confiable para todos.

Estudio de Caso: Implementación de la Biometría de Comportamiento en una Empresa Global

Para ilustrar los desafíos y consideraciones prácticos involucrados en la implementación de la biometría de comportamiento en un entorno real, examinemos un estudio de caso de una empresa global que recientemente desplegó esta tecnología en toda su organización.

La empresa es una corporación multinacional grande con más de 100,000 empleados en docenas de países y regiones. Ha dependido de métodos de autenticación tradicionales, como contraseñas y autenticación de dos factores, pero se ha vuelto cada vez más preocupada por el riesgo de toma de cuentas, amenazas internas y otros ciberataques avanzados.

Para abordar estas preocupaciones, la empresa implementó un sistema biométrico de comportamiento que proporcionaría autenticación continua y control de acceso basado en el riesgo para todos los empleados, independientemente de la ubicación o el dispositivo. El sistema analizaría varias fuentes de datos de comportamiento, incluidas las dinámicas de pulsaciones de teclas, los movimientos del ratón y los patrones de uso de aplicaciones, para crear perfiles de comportamiento únicos para cada usuario.

La implementación comenzó con un programa piloto que involucraba a un pequeño grupo de empleados de diferentes departamentos y regiones. El piloto estaba diseñado para probar la viabilidad y efectividad del sistema biométrico de comportamiento e identificar cualquier desafío técnico u organizativo que deba abordarse antes de un despliegue a gran escala.

La empresa encontró varios desafíos durante el piloto, incluidas preocupaciones de privacidad de datos, problemas de rendimiento y resistencia de los usuarios. Por ejemplo, algunos empleados inicialmente dudaron en que se monitoreara y analizara su comportamiento y expresaron preocupaciones sobre el posible uso indebido de sus datos.

Para abordar estas preocupaciones, la empresa se comprometió en extensos esfuerzos de comunicación y educación para explicar los beneficios y salvaguardas del sistema biométrico de comportamiento y obtener el consentimiento explícito de todos los empleados participantes. La empresa también implementó controles estrictos de gobernanza y acceso a datos para garantizar que los datos de comportamiento se recopilaran, almacenaran y analizaran de manera segura y competente.

Otro desafío que surgió durante el piloto fue optimizar el sistema para el rendimiento y la escalabilidad. La empresa descubrió que analizar grandes volúmenes de datos de comportamiento en tiempo real requería recursos computacionales significativos, y el sistema debía ajustarse cuidadosamente para evitar falsos positivos y negativos.

Para abordar estos problemas, la empresa trabajó estrechamente con sus socios tecnológicos para refinar los algoritmos de aprendizaje automático y las tuberías de procesamiento de datos e implementar mecanismos de balanceo de carga y conmutación por error para garantizar una alta disponibilidad y resiliencia. La empresa también invirtió en hardware e infraestructura adicionales para soportar el crecimiento esperado en los volúmenes de datos y el tráfico de usuarios.

Después de varios meses de pruebas y refinamiento, la empresa estaba lista para comenzar un despliegue gradual del sistema biométrico de comportamiento a su base global de empleados. El despliegue fue cuidadosamente planificado y ejecutado para minimizar la interrupción y asegurar una transición sin problemas para todos los usuarios.

La empresa proporcionó recursos completos de capacitación y apoyo para ayudar a los empleados a entender y adoptar el nuevo sistema y estableció políticas y procedimientos claros para manejar bloqueos de cuentas, falsos positivos y otros casos extremos. También implementó un marco robusto de monitoreo e informes para rastrear el rendimiento y la efectividad del sistema a lo largo del tiempo e identificar áreas para mejora continua.

Durante varios meses, la empresa desplegó con éxito el sistema biométrico de comportamiento a todos sus empleados en todas las regiones y dispositivos. El sistema demostró ser altamente efectivo para detectar y prevenir intentos de acceso no autorizado, proporcionando una experiencia de usuario más fluida y segura para todos los empleados.

Al final del primer año de despliegue, la empresa había visto una reducción significativa en los intentos de toma de cuentas y otros incidentes de seguridad. Esto resultó en una reducción de las pérdidas por fraude y un aumento de la productividad, logrando un retorno de la inversión de más del 200%. Los empleados también proporcionaron comentarios positivos, apreciando la seguridad y conveniencia adicionales que ofrecía el sistema biométrico de comportamiento.

El éxito de este estudio de caso demuestra el potencial de la biometría de comportamiento para transformar la forma en que abordamos la autenticación y la seguridad en la empresa, subrayando la importancia de la planificación cuidadosa, la ejecución y la mejora continua en cualquier implementación a gran escala.

Al adoptar un enfoque holístico y estratégico de la biometría de comportamiento y comprometer a todas las partes interesadas, las empresas pueden cosechar los beneficios de esta poderosa tecnología mientras navegan por los desafíos y consideraciones complejas involucradas. Al mantenerse a la vanguardia de las tendencias y mejores prácticas emergentes, las empresas pueden ayudar a dar forma al futuro de la biometría de comportamiento e impulsar la innovación en este emocionante y rápidamente evolucionando campo.

Conclusión y Llamado a la Acción

En conclusión, la biometría de comportamiento es una tecnología poderosa y transformadora que tiene el potencial de revolucionar la autenticación y la seguridad en la era digital. Al aprovechar los patrones y características de comportamiento únicos de los individuos, la biometría de comportamiento ofrece un enfoque más dinámico, adaptativo y centrado en el usuario para la verificación de identidad y el control de acceso.

A lo largo de este capítulo, hemos explorado los conceptos clave, técnicas y aplicaciones de la biometría de comportamiento y hemos visto cómo esta tecnología combate una amplia gama de amenazas y ataques cibernéticos. Hemos examinado los diversos tipos de datos de comportamiento que se pueden recopilar y analizar, los algoritmos y arquitecturas de aprendizaje automático que impulsan estos sistemas y las consideraciones y desafíos prácticos en la implementación de la biometría de comportamiento en entornos reales.

También hemos examinado las tendencias emergentes y las direcciones futuras en la biometría de comportamiento y hemos visto cómo esta tecnología se integra con otras tecnologías avanzadas, como la inteligencia artificial, la analítica de *big data* y el Internet de las Cosas. También hemos explorado nuevos y novedosos casos de uso para la biometría de comportamiento más allá de los dominios tradicionales, como la banca en línea y la seguridad empresarial.

Mirando hacia el futuro, la biometría de comportamiento desempeñará un papel cada vez más importante en la configuración del panorama de la ciberseguridad y la identidad digital. A medida que las amenazas cibernéticas evolucionan y se vuelven más sofisticadas, y la necesidad de métodos de autenticación más seguros y fáciles de usar se vuelve más apremiante, la biometría de comportamiento ofrece una solución prometedora para ayudar a las organizaciones a mantenerse a la vanguardia.

Sin embargo, el éxito de la biometría de comportamiento dependerá de algo más que la innovación y el avance tecnológico. También requerirá una colaboración continua, educación y defensa entre todas las partes interesadas, incluidos los proveedores de tecnología, los investigadores, los responsables de políticas y los usuarios finales.

Debemos trabajar juntos para abordar los desafíos y consideraciones complejos en la implementación de la biometría de comportamiento, desde las preocupaciones de privacidad y seguridad de datos hasta cuestiones de sesgo, transparencia y responsabilidad. También debemos seguir invirtiendo en investigación y desarrollo para empujar los límites de esta tecnología y explorar nuevas y novedosas aplicaciones que puedan beneficiar a la sociedad en su conjunto.

En última instancia, el poder de la biometría de comportamiento radica en su capacidad para mejorar la seguridad y la conveniencia y en su potencial para transformar la forma en que pensamos sobre la identidad y la confianza en el mundo digital. Al adoptar esta tecnología y trabajar juntos para dar forma a su futuro, podemos crear un ecosistema digital más seguro, inclusivo y empoderador para todos.

Así que tomemos este llamado a la acción y trabajemos juntos para aprovechar todo el potencial de la biometría de comportamiento para el beneficio de los individuos, las organizaciones y la sociedad. Sigamos innovando, colaborando y defendiendo el desarrollo y despliegue responsable de esta tecnología transformadora. Esforcémonos por crear un futuro en el que nuestros patrones de comportamiento únicos sean las claves para desbloquear un mundo digital más seguro y confiable.

Capítulo 3: Técnica 2: Sistemas de Señuelos (Honeypots y Honeynets)

Introducción

En el panorama de la ciberseguridad, que evoluciona constantemente, las medidas defensivas tradicionales, como los cortafuegos y los sistemas de detección de intrusiones, ya no son suficientes para protegerse contra atacantes sofisticados y decididos. A medida que los *hackers* se vuelven más hábiles en evadir la detección y explotar vulnerabilidades, las organizaciones deben adoptar estrategias nuevas e innovadoras para mantenerse a la vanguardia.

Una de esas estrategias es el uso de sistemas de señuelos, *honeypots* y *honeynets*. Estas trampas digitales, cuidadosamente diseñadas, atraen a los atacantes lejos de los activos críticos y proporcionan información valiosa sobre sus tácticas, técnicas y procedimientos (TTPs). Al crear un entorno controlado que imita sistemas y datos reales, los *honeypots* y *honeynets* pueden ayudar a las organizaciones a detectar, desviar y defenderse de las amenazas cibernéticas más avanzadas.

En este capítulo, profundizaremos en el mundo de los sistemas de señuelos, explorando su historia, tipos y aplicaciones en la ciberseguridad moderna. Examinaremos el valor estratégico de los *honeypots* y *honeynets* y proporcionaremos una guía detallada sobre cómo diseñarlos, desplegarlos y mantenerlos en un entorno empresarial. También analizaremos estudios de casos y ejemplos del mundo real de cómo estos sistemas han frustrado a los atacantes y recopilado inteligencia crítica sobre amenazas.

Ya seas un profesional de la ciberseguridad experimentado que busca expandir tu kit de herramientas defensivas o un líder empresarial que busca proteger los activos y la reputación de tu organización, este capítulo te proporcionará el conocimiento y las herramientas necesarias para aprovechar el poder de los sistemas de señuelos en tu entorno.

Comprendiendo los Honeypots y Honeynets

En su esencia, los *honeypots* y *honeynets* son sistemas de señuelos diseñados para atraer y atrapar a los atacantes. Al crear un entorno controlado que simula sistemas y datos reales, estas herramientas pueden proporcionar información valiosa sobre el comportamiento y las motivaciones de los *hackers*, al mismo tiempo que los desvían de los activos e infraestructuras críticas.

Los *honeypots* son típicamente sistemas o aplicaciones individuales que imitan un objetivo o vulnerabilidad específicos. Pueden ser tan simples como un solo servidor con una contraseña débil o un sistema operativo sin parches, o tan complejos como un sitio de comercio electrónico completamente funcional con datos y transacciones simulados de clientes.

Los *honeynets*, por otro lado, son redes de *honeypots* interconectados que simulan un entorno más grande y complejo. Pueden incluir múltiples servidores, estaciones de trabajo, dispositivos de red, tráfico simulado y actividad de usuarios. Los *honeynets* a menudo se utilizan para crear un objetivo más realista y atractivo para los atacantes y para recopilar inteligencia más completa sobre sus tácticas y técnicas.

La clave de la efectividad de los *honeypots* y *honeynets* radica en su capacidad para engañar y manipular a los atacantes. Al presentar un objetivo convincente y atractivo, estos sistemas pueden atraer a los *hackers* lejos de los activos reales y mantenerlos comprometidos el tiempo suficiente para recopilar información valiosa sobre sus métodos y motivaciones.

Al mismo tiempo, los *honeypots* y *honeynets* están diseñados cuidadosamente para limitar el daño potencial que los atacantes pueden causar. Generalmente están aislados de las redes y sistemas de producción y son monitoreados y controlados de cerca por los equipos de seguridad. Esto permite a las organizaciones observar y analizar el comportamiento de los atacantes en un entorno seguro y controlado, sin arriesgar la integridad o confidencialidad de los datos y sistemas reales.

Tipos de Honeypots y Honeynets

Existen varios tipos diferentes de *honeypots* y *honeynets*, cada uno diseñado para propósitos y entornos específicos. Algunos de los tipos más comunes incluyen:

1. *Honeypots* de Baja Interacción: Son sistemas simples y ligeros que simulan servicios o aplicaciones específicos, como un servidor web o una base de datos. Están diseñados para capturar información básica sobre los atacantes, como direcciones IP y escaneos de puertos, pero permiten poca interacción o compromiso.

2. *Honeypots* de Alta Interacción: Son sistemas más complejos y realistas que permiten a los atacantes interactuar completamente con el entorno, incluyendo la ejecución de código y la descarga de archivos. Proporcionan una visión más completa del comportamiento y las técnicas de los atacantes, pero requieren más recursos y experiencia para desplegar y mantener.

3. *Honeypots* de Investigación: Son sistemas especializados diseñados para propósitos académicos y de investigación, como estudiar nuevos vectores de ataque o probar tecnologías defensivas. A menudo están altamente personalizados e instrumentados para recopilar datos detallados sobre el comportamiento y las técnicas de los atacantes.

4. Honeypots de Producción: Estos *honeypots* se despliegan junto a sistemas y aplicaciones de producción reales, a menudo para detectar y desviar ataques en tiempo real. Están diseñados para integrarse con el entorno real y evitar la interrupción de las operaciones comerciales normales.

5. Honeypots de Malware: Son *honeypots* especializados diseñados para capturar y analizar muestras y comportamientos de *malware*. A menudo incluyen entornos virtualizados y *sandboxes* que permiten la ejecución y propagación de *malware* en un entorno controlado, proporcionando inteligencia valiosa sobre nuevas amenazas emergentes.

6. Honeypots ICS/SCADA: Son *honeypots* diseñados para simular sistemas de control industrial (ICS) y entornos de control y adquisición de datos (SCADA). Se utilizan para estudiar y defenderse de ataques a infraestructuras críticas, como redes eléctricas, plantas de tratamiento de agua e instalaciones de fabricación.

7. Honeypots IoT: Son *honeypots* diseñados para imitar dispositivos y redes de Internet de las Cosas (IoT), como electrodomésticos inteligentes, dispositivos portátiles y sensores. Se utilizan para estudiar y defenderse de la creciente amenaza de ataques basados en IoT, como *botnets* y *ransomware*.

Despliegue de Honeypots y Honeynets

Desplegar *honeypots* y *honeynets* requiere una planificación y ejecución cuidadosas, así como una comprensión profunda de los objetivos y requisitos específicos de la organización. Esta sección proporcionará una guía detallada sobre cómo diseñar, implementar y mantener estos sistemas en un entorno empresarial.

Paso 1: Define tus Objetivos

El primer paso en el despliegue de *honeypots* y *honeynets* es definir claramente tus objetivos y los resultados específicos que esperas lograr. Algunos objetivos comunes incluyen:

- Detectar y desviar ataques en tiempo real.
- Recopilar inteligencia sobre tácticas, técnicas y procedimientos (TTPs) de los atacantes.
- Estudiar nuevas amenazas y vectores de ataque emergentes.
- Probar y validar tecnologías y procesos defensivos.
- Cumplir con normas regulatorias e industriales para la detección y respuesta a amenazas.

Comprender tus objetivos te ayudará a guiar el proceso de toma de decisiones a lo largo del despliegue, desde los tipos de *honeypots* y *honeynets* que utilizas hasta los datos que recopilas y analizas.

Paso 2: Elige tu Modelo de Despliegue

Una vez que hayas definido tus objetivos, el siguiente paso es elegir el modelo de despliegue adecuado para tus *honeypots* y *honeynets*. Hay varios enfoques diferentes a considerar, cada uno con sus ventajas y desventajas:

- **Despliegue en las Instalaciones:** Implica desplegar *honeypots* y *honeynets* en infraestructura física o virtual dentro de tu centro de datos o red. Proporciona el nivel más alto de control y personalización, pero también requiere recursos y experiencia significativos para gestionar y mantener.
- **Despliegue en la Nube:** Implica desplegar *honeypots* y *honeynets* en infraestructura de nube pública o privada, como Amazon Web Services (AWS) o Microsoft Azure. Esto puede proporcionar mayor escalabilidad y flexibilidad, y reducir los costos y el mantenimiento. Sin embargo, también requiere una consideración cuidadosa de los problemas de seguridad y cumplimiento, como la soberanía de datos y el control de acceso.
- **Despliegue Híbrido:** Implica una combinación de despliegue en las instalaciones y en la nube, a menudo utilizando una mezcla de infraestructura física, virtual y contenedorizada. Puede proporcionar lo mejor de ambos mundos, permitiendo mayor control y personalización donde sea necesario, al tiempo que aprovecha la escalabilidad y rentabilidad de la nube.

Paso 3: Diseña tu Arquitectura

Una vez que hayas elegido tu modelo de despliegue, el siguiente paso es diseñar la arquitectura y topología de tus *honeypots* y *honeynets*. Esto implica varias consideraciones clave, como:

- **Segmentación de la Red:** Los *honeypots* y *honeynets* deben estar

aislados de las redes y sistemas de producción para minimizar el riesgo de compromiso o fuga de datos. Esto se puede lograr mediante la segmentación de la red, como VLANs, cortafuegos o redes definidas por software (SDN).
- **Redirección de Tráfico:** Es posible que necesites redirigir el tráfico desde sistemas de producción o fuentes externas para atraer a los atacantes a tus *honeypots* y *honeynets*. Se pueden utilizar técnicas como la redirección DNS, servidores proxy o la traducción de direcciones de red (NAT).
- **Captura y Análisis de Datos:** Los *honeypots* y *honeynets* generan grandes volúmenes de datos sobre el comportamiento y las técnicas de los atacantes, que deben ser capturados, almacenados y analizados para obtener información e inteligencia. Esto requiere una plataforma robusta de gestión y análisis de datos, como un sistema de gestión de información y eventos de seguridad (SIEM) o una plataforma de *big data* como Hadoop o Elasticsearch.
- **Monitoreo y Alertas:** Los *honeypots* y *honeynets* deben ser monitoreados continuamente en busca de signos de compromiso o actividad sospechosa, y se deben enviar alertas y notificaciones automatizadas a los equipos de seguridad para su investigación y respuesta. Esto requiere un sistema completo de monitoreo y alertas, como una plataforma de orquestación, automatización y respuesta de seguridad (SOAR).

Paso 4: Selecciona tus Herramientas y Tecnologías

Con tu arquitectura y topología en su lugar, el siguiente paso es seleccionar las herramientas y tecnologías que utilizarás para construir y operar tus *honeypots* y *honeynets*. Hay una amplia gama de opciones disponibles, desde herramientas y frameworks de código abierto hasta productos y servicios comerciales. Algunas de las herramientas más populares y ampliamente utilizadas incluyen:

- **Kippo:** Un *honeypot* SSH de interacción media de código abierto que simula un sistema Linux vulnerable. Captura las pulsaciones de teclas y las sesiones del atacante y se puede personalizar y ampliar fácilmente.
- **Dionaea:** Un *honeypot* de baja interacción de código abierto que simula varios servicios y protocolos, como HTTP, FTP y SMTP. Captura las cargas útiles y las muestras de *malware* del atacante para su análisis e investigación.
- **Conpot:** Un *honeypot* de baja interacción de código abierto que simula sistemas de control industrial (ICS) y entornos SCADA. Captura la actividad y las técnicas de los atacantes específicas de estos entornos de infraestructura crítica.
- **Thinkst Canary:** Una plataforma comercial de *honeypot* que proporciona una variedad de señuelos preconstruidos y personalizables, junto con inteligencia y alertas integradas sobre amenazas. Soporta una variedad de entornos, desde la nube y contenedores hasta IoT e ICS.
- **ThreatStream:** Una plataforma comercial de inteligencia sobre amenazas que se integra con *honeypots* y *honeynets* para proporcionar alertas en tiempo real y contexto sobre la actividad del atacante y los indicadores de compromiso (IOCs).

Paso 5: Despliega y Configura

Con tus herramientas y tecnologías seleccionadas, el siguiente paso es desplegar y configurar tus *honeypots* y *honeynets* en el entorno elegido. Esto implica varias tareas esenciales, tales como:

- **Instalación y Configuración:** Instalar y configurar los componentes de software y hardware necesarios, como sistemas operativos, aplicaciones y dispositivos de red.
- **Personalización y Ajuste:** Personalizar y ajustar el comportamiento y la apariencia de tus *honeypots* y *honeynets* para que coincidan con tus objetivos específicos y entorno. Esto puede implicar la creación de scripts, configuraciones o conjuntos de datos personalizados para hacer que los sistemas sean más atractivos y atractivos para los atacantes.
- **Integración y Automatización:** Integrar tus *honeypots* y *honeynets* con tus herramientas y procesos de seguridad existentes, como SIEM, SOAR y plataformas de respuesta a incidentes. Esto puede implicar la configuración de *feeds* de datos, APIs o flujos de trabajo de automatización para agilizar la recopilación, el análisis y la respuesta de datos.
- **Pruebas y Validación:** Probar y validar la funcionalidad y efectividad de tus *honeypots* y *honeynets*, atrayendo y comprometiendo a los atacantes y capturando y analizando su actividad y técnicas. Esto puede implicar la realización de pruebas de penetración, ejercicios de equipo rojo (*red teaming*) u otros ataques simulados para evaluar los sistemas y identificar brechas o debilidades.

Paso 6: Opera y Mantén

Una vez que tus *honeypots* y *honeynets* estén desplegados y operativos, el paso final es operarlos y mantenerlos continuamente. Esto implica varias actividades clave, tales como:

- **Monitoreo y Análisis:** Monitorear la actividad y los datos generados por tus *honeypots* y *honeynets* y analizarlos para obtener

información e inteligencia sobre el comportamiento, las técnicas y las tendencias de los atacantes. Esto puede implicar herramientas y algoritmos automatizados, así como análisis manual por parte de analistas de seguridad y cazadores de amenazas.
- **Respuesta a Incidentes y Contención:** Seguir tu plan de respuesta a incidentes y procedimientos para responder y contener cualquier incidente o compromiso detectado por tus *honeypots* y *honeynets*. Esto puede implicar la aislamiento de sistemas afectados, la recopilación de pruebas forenses y la coordinación con partes interesadas internas y externas.
- **Mantenimiento y Actualizaciones:** Mantener y actualizar regularmente tus *honeypots* y *honeynets* para garantizar que sigan siendo efectivos y seguros. Esto puede implicar el parcheo de vulnerabilidades, la actualización de componentes de software y hardware, y el ajuste de configuraciones y ajustes.
- **Mejora Continua:** Mejorar y evolucionar continuamente tu despliegue de *honeypots* y *honeynets* basado en las lecciones aprendidas y nuevas amenazas y técnicas observadas. Esto puede implicar agregar nuevos señuelos o sensores, refinar los procesos de recopilación y análisis de datos, o integrar nuevas herramientas y tecnologías para mejorar las capacidades de detección y respuesta.

Estudios de Caso y Ejemplos

Para ilustrar la aplicación práctica y la efectividad de los *honeypots* y *honeynets*, examinemos algunos estudios de casos y ejemplos del mundo real.

Estudio de Caso 1: El *Botnet* Carna

En 2012, un investigador anónimo desplegó una *honeynet* masiva sobre 400,000 direcciones IP para mapear y medir el internet global. Usando el seudónimo "Carna", el investigador infectó una gran cantidad de dispositivos inseguros con *malware* de creación propia que los convirtió en un *botnet* bajo su control.

Durante varios meses, el *botnet* Carna escaneó todo el espacio de direcciones IPv4, catalogando puertos abiertos, servicios y vulnerabilidades. El investigador luego publicó los datos públicamente, proporcionando una visión sin precedentes de la escala y el alcance de los dispositivos inseguros en internet.

Si bien el *botnet* Carna no era estrictamente un *honeypot* defensivo, demuestra el poder de las *honeynets* a gran escala para recopilar inteligencia sobre el panorama global de amenazas. Al desplegar una red masiva de señuelos y sensores, los investigadores y los equipos de seguridad pueden obtener información valiosa sobre las tácticas y técnicas de los atacantes, así como sobre la salud y seguridad general de internet.

Estudio de Caso 2: La Campaña de Espionaje GhostNet

En 2009, investigadores del Information Warfare Monitor (IWM) descubrieron una campaña masiva de ciberespionaje dirigida al gobierno tibetano en el exilio y otras organizaciones tibetanas. La campaña, denominada "GhostNet", utilizó una combinación de ingeniería social, *malware* y herramientas de acceso remoto para infiltrarse y monitorear las comunicaciones y actividades de sus objetivos.

Para investigar la campaña, los investigadores de IWM desplegaron una serie de *honeypots* de alta interacción que imitaban los sistemas y aplicaciones utilizados por las organizaciones tibetanas. Al permitir que los atacantes comprometieran e interactuaran con estos señuelos, los investigadores pudieron observar sus tácticas y técnicas en tiempo real y recopilar inteligencia valiosa sobre sus motivaciones y objetivos.

A través de su despliegue de *honeypots*, los investigadores de IWM pudieron atribuir la campaña GhostNet a un grupo de atacantes con sede en China, con posibles vínculos con el gobierno chino. También identificaron varias variantes de *malware* previamente desconocidas y la infraestructura de comando y control utilizada por los atacantes.

Este estudio de caso demuestra el valor de los *honeypots* y *honeynets* en la investigación y atribución de campañas de amenazas persistentes avanzadas (APT). Al proporcionar un entorno controlado para los atacantes, los *honeypots* pueden ayudar a los investigadores y equipos de seguridad a comprender mejor las tácticas, técnicas y procedimientos (TTPs) de los adversarios sofisticados y recopilar inteligencia valiosa para la atribución y la caza de amenazas.

Estudio de Caso 3: El *Botnet* Mirai

En 2016, un ataque masivo de denegación de servicio distribuida (DDoS) derribó varios sitios web y servicios de alto perfil, incluidos Twitter, Netflix y el New York Times. El ataque se atribuyó posteriormente al *botnet* Mirai, una red de dispositivos IoT infectados que inundaron los sistemas objetivos con tráfico.

Tras el ataque, investigadores de seguridad de todo el mundo desplegaron *honeypots* y *honeynets* diseñados para atraer y capturar dispositivos infectados por Mirai. Al simular dispositivos IoT vulnerables y permitir que fueran comprometidos por el *botnet*, los investigadores pudieron estudiar el comportamiento del *malware* y la infraestructura de comando y control en detalle.

A través de sus despliegues de *honeypots*, los investigadores identificaron varias características clave del *botnet* Mirai, incluida su utilización de contraseñas predeterminadas y direcciones IP codificadas para propagarse y comunicarse. También identificaron los dispositivos y arquitecturas específicos dirigidos por el *malware* y la distribución geográfica de los dispositivos infectados.

Esta inteligencia resultó invaluable para desarrollar y desplegar contramedidas contra el *botnet* Mirai, como parchear dispositivos vulnerables y bloquear servidores de comando y control conocidos. También destacó la creciente amenaza de los *botnets* basados en IoT y la necesidad de mejores prácticas y estándares de seguridad en el ecosistema IoT.

Conclusión

En este capítulo, hemos explorado el fascinante mundo de los sistemas de señuelos, también conocidos como *honeypots* y *honeynets*. Hemos visto cómo estas trampas cuidadosamente diseñadas pueden atraer y engañar a los atacantes, proporcionando inteligencia valiosa sobre sus tácticas, técnicas y procedimientos (TTPs), al tiempo que los desvían de los activos e infraestructuras críticas.

Hemos examinado diferentes tipos de *honeypots* y *honeynets*, desde sistemas de baja interacción que simulan servicios y aplicaciones específicos hasta entornos de alta interacción que permiten a los atacantes interactuar completamente con y comprometer los señuelos. También hemos examinado *honeypots* especializados diseñados para propósitos particulares, como capturar muestras de *malware*, estudiar ataques a ICS/SCADA e investigar amenazas basadas en IoT.

A través de una guía detallada paso a paso, hemos explorado el proceso de diseño, despliegue y mantenimiento de *honeypots* y *honeynets* en un entorno empresarial. Hemos visto cómo una planificación y ejecución cuidadosas, junto con las herramientas y tecnologías adecuadas, pueden ayudar a las organizaciones a crear sistemas de señuelos efectivos y eficientes que mejoren su postura de seguridad general.

Finalmente, hemos examinado varios estudios de casos y ejemplos del mundo real de *honeypots* y *honeynets* en acción, desde el masivo botnet Carna que mapeó internet global hasta la campaña de espionaje dirigida llamada GhostNet, y el *botnet* basado en IoT Mirai que derribó sitios web importantes.

Capítulo 4: Técnica 3: Honeytokens

Introducción

En el panorama de la ciberseguridad, que evoluciona constantemente, las organizaciones buscan constantemente formas nuevas e innovadoras de detectar y responder a las amenazas. Aunque las medidas de seguridad tradicionales, como los cortafuegos, los sistemas de detección de intrusiones y el software antivirus son esenciales, ya

CAPÍTULO 4: TÉCNICA 3: HONEYTOKENS

no son suficientes para defenderse contra los ataques cada vez más sofisticados y dirigidos que enfrentan las organizaciones hoy en día.

Aquí es donde entran en juego los *honeytokens*. Los *honeytokens* son una técnica poderosa y versátil que puede ayudar a las organizaciones a detectar y responder en tiempo real a intentos de acceso no autorizado y exfiltración de datos. Al colocar estratégicamente datos falsos, credenciales y otros activos digitales dentro de la red y los sistemas de una organización, los *honeytokens* pueden actuar como trampas que alertan a los equipos de seguridad sobre posibles brechas y proporcionan información valiosa sobre el comportamiento y las intenciones de los atacantes.

En este capítulo, exploraremos el mundo de los *honeytokens*, revisando su historia, tipos y aplicaciones en la ciberseguridad moderna. Examinaremos los principios fundamentales y las mejores prácticas para diseñar y desplegar estrategias efectivas de *honeytokens* y proporcionaremos una guía paso a paso sobre cómo integrar *honeytokens* en la infraestructura de seguridad de tu organización.

Ya seas un profesional de la seguridad experimentado que busca mejorar tus capacidades de detección de amenazas o un líder empresarial que busca comprender mejor el papel de la tecnología de engaño en la protección de los activos de tu organización, este capítulo te proporcionará el conocimiento y las herramientas necesarias para aprovechar el poder de los *honeytokens* en tu entorno.

Así que comencemos nuestro viaje en el fascinante y a menudo pasado por alto mundo de los *honeytokens* y descubramos cómo esta técnica puede ayudarte a mantenerte un paso adelante de los atacantes más decididos y sofisticados.

Comprendiendo los Honeytokens

En su esencia, los *honeytokens* son un tipo de tecnología de engaño que se basa en el uso de datos falsos, credenciales y otros activos digitales para detectar y responder a intentos de acceso no autorizado y exfiltración de datos. Los investigadores de seguridad Lance Spitzner y Eric Cole introdujeron por primera vez el concepto de *honeytokens* a principios de la década de 2000, cuando reconocieron el potencial de usar datos falsos para detectar y rastrear el comportamiento de los atacantes.

La premisa básica detrás de los *honeytokens* es simple: al colocar estratégicamente datos y activos falsos dentro de la red y los sistemas de una organización, los equipos de seguridad pueden crear trampas que los alerten sobre posibles brechas y proporcionen información valiosa sobre el comportamiento y las intenciones de los atacantes. Cuando un atacante intenta acceder o exfiltrar un *honeytoken*, el equipo de seguridad es notificado de inmediato, lo que les permite investigar y responder al incidente rápidamente.

Los *honeytokens* pueden tomar muchas formas, dependiendo del caso de uso y el entorno. Algunos ejemplos comunes de *honeytokens* incluyen:

1. Credenciales falsas: Estas pueden incluir nombres de usuario, contraseñas y tokens de acceso falsos diseñados para atraer a los atacantes a revelar su presencia e intenciones. Cuando un atacante intenta usar estas credenciales falsas, el equipo de seguridad es alertado y puede rastrear sus actividades.

2. Archivos falsos: Estos pueden incluir documentos, imágenes y otros archivos falsos diseñados para parecer datos sensibles o valiosos. Cuando un atacante intenta acceder o exfiltrar estos archivos, el equipo de seguridad es alertado y puede rastrear sus actividades.

3. Entradas de bases de datos falsas: Estas pueden incluir registros, tablas y otras estructuras de datos falsas diseñadas para imitar datos reales. Cuando un atacante intenta acceder o manipular estas entradas falsas, el equipo de seguridad es alertado y puede rastrear sus actividades.

4. Recursos de red falsos: Estos pueden incluir servidores, dominios y otros recursos de red falsos diseñados para atraer a los atacantes y monitorear su comportamiento. Cuando un atacante intenta conectarse o interactuar con estos recursos falsos, el equipo de seguridad es alertado y puede rastrear sus actividades.

La clave de la efectividad de los *honeytokens* radica en su capacidad para mezclarse con los datos y activos reales, haciendo que sea difícil para los atacantes distinguir los recursos legítimos. Al diseñar y colocar cuidadosamente los *honeytokens* en todo el entorno de una organización, los equipos de seguridad pueden crear un campo minado virtual para detectar y disuadir incluso a los atacantes más sofisticados y decididos.

Al mismo tiempo, los *honeytokens* ofrecen varias ventajas únicas sobre los controles de seguridad tradicionales, tales como:

1. Advertencia temprana: Los *honeytokens* pueden proporcionar una advertencia temprana de posibles brechas y ataques, lo que permite a los equipos de seguridad investigar y responder rápidamente a los incidentes antes de que se escalen.

2. Recopilación de inteligencia: Los *honeytokens* pueden proporcionar información valiosa sobre el comportamiento, las tácticas y las intenciones de los atacantes, lo que permite a los equipos de seguridad comprender mejor y defenderse de las amenazas emergentes.

3. Bajos falsos positivos: Debido a que los *honeytokens* están diseñados para ser accesados únicamente por usuarios no autorizados, generalmente generan muy pocos falsos positivos, reduciendo el ruido y la carga asociados con las alertas de seguridad tradicionales.

4. Rentabilidad: Los *honeytokens* pueden ser una forma rentable de mejorar las capacidades de detección de amenazas de una organización, ya que no requieren inversiones significativas en nuevo hardware, software o personal.

Por supuesto, como cualquier tecnología de seguridad, los *honeytokens* no son una solución mágica y deben ser utilizados junto con otros controles de seguridad y mejores prácticas. En las siguientes secciones, exploraremos algunas consideraciones clave y mejores prácticas para diseñar y desplegar estrategias efectivas de *honeytokens*, así como algunos de los desafíos y limitaciones de esta técnica.

Diseño y Despliegue de Honeytokens

Ahora que tenemos una comprensión básica de los *honeytokens* y cómo funcionan, examinemos el proceso de diseño y despliegue de estrategias efectivas de *honeytokens*.

Paso 1: Define tus Objetivos

El primer paso en cualquier despliegue de *honeytokens* es definir claramente tus objetivos y los resultados específicos que esperas lograr. Algunos objetivos comunes para los despliegues de *honeytokens* incluyen:

- Detección temprana de posibles brechas y ataques.
- Recopilación de inteligencia sobre el comportamiento y las intenciones de los atacantes.
- Disuasión de intentos de acceso no autorizado y exfiltración de datos.
- Cumplimiento con normas regulatorias e industriales para la protección de datos.

Comprender tus objetivos te ayudará a guiar el proceso de toma de decisiones a lo largo del despliegue, desde los tipos de *honeytokens* que utilizas hasta los datos que recopilas y analizas.

Paso 2: Identifica tus Activos y Riesgos

El siguiente paso es identificar los activos y datos específicos que deseas proteger con *honeytokens* y sus riesgos y amenazas potenciales. Esto puede implicar realizar un inventario y evaluación de riesgos exhaustivos de los sistemas, redes y datos de tu organización, y priorizar los activos más críticos y valiosos para su protección.

Algunos activos y datos comunes que pueden ser candidatos para la protección con *honeytokens* incluyen:

- Datos sensibles de clientes o empleados, como información de identificación personal (PII), datos financieros o registros de salud.
- Propiedad intelectual, como secretos comerciales, patentes o algoritmos patentados.
- Sistemas e infraestructuras críticas, como servidores, bases de datos o dispositivos de red.
- Cuentas de usuario de alto valor, como credenciales administrativas o de nivel ejecutivo.

Comprender los activos y datos específicos que necesitas proteger te permitirá adaptar tu estrategia de *honeytokens* para proporcionar la cobertura y protección más efectiva.

Paso 3: Diseña tus *Honeytokens*

Con tus objetivos y activos identificados, el siguiente paso es diseñar los *honeytokens* que utilizarás para detectar y rastrear intentos de acceso no autorizado y exfiltración de datos. Esto implica varias consideraciones clave, como:

- **Tipo de *Honeytoken*:** Hay muchos tipos diferentes de *honeytokens* que se pueden utilizar, dependiendo del caso de uso y el entorno específicos. Algunos tipos comunes incluyen credenciales falsas, archivos, entradas de bases de datos y recursos de red.
- **Ubicación y Distribución:** Los *honeytokens* deben ser colocados y distribuidos cuidadosamente en todo el entorno de tu organización para proporcionar una cobertura y detección adecuadas. Esto puede implicar colocar *honeytokens* en sistemas y redes críticos, así como dentro de repositorios y aplicaciones de datos sensibles.
- **Realismo y Credibilidad:** Para ser efectivos, los *honeytokens* deben

ser diseñados para ser lo más realistas y creíbles posible, de modo que los atacantes no puedan distinguirlos fácilmente de los datos y activos reales. Esto puede implicar el uso de formatos de datos, nombres de archivos y otras características que parezcan reales, así como la incorporación de pistas contextuales y metadatos.

- **Monitoreo y Alertas:** Los *honeytokens* deben ser monitoreados continuamente para detectar intentos de acceso no autorizado y exfiltración de datos, y se deben enviar alertas y notificaciones automatizadas a los equipos de seguridad para su investigación y respuesta. Esto puede implicar la integración de los *honeytokens* con herramientas y procesos de monitoreo de seguridad y respuesta a incidentes.

Paso 4: Despliega y Prueba

Una vez que tus *honeytokens* estén diseñados y listos para el despliegue, el siguiente paso es implementarlos cuidadosamente en el entorno de tu organización y probar su efectividad y fiabilidad. Esto puede implicar un enfoque por fases, donde los *honeytokens* se despliegan inicialmente en un subconjunto de sistemas y datos antes de expandirse al entorno completo.

Durante la fase de despliegue y prueba, es esencial monitorear de cerca los *honeytokens* en busca de signos de acceso no autorizado o intentos de exfiltración de datos, y validar que las alertas y notificaciones se generen y se ejecuten correctamente por parte de los equipos de seguridad. Esto puede implicar la realización de pruebas y simulaciones controladas para asegurarse de que los *honeytokens* funcionen como se espera y proporcionen el nivel deseado de detección y respuesta.

Paso 5: Monitorea y Refina

Una vez que tus *honeytokens* estén completamente desplegados y operativos, el paso final es monitorearlos y refinarlos continuamente para asegurar su efectividad y relevancia a lo largo del tiempo. Esto puede implicar revisar y actualizar periódicamente los *honeytokens* para reflejar los cambios en el entorno, los activos y los riesgos de tu organización, e incorporar comentarios y lecciones aprendidas de incidentes e investigaciones reales.

También puede implicar ajustar la ubicación, distribución y características de los *honeytokens* para optimizar su rendimiento y minimizar los falsos positivos y negativos. Esto puede requerir una colaboración y comunicación continuas entre los equipos de seguridad, las partes interesadas del negocio y otras partes relevantes para asegurar que los *honeytokens* cumplan con las necesidades y objetivos en evolución de la organización.

Mejores Prácticas y Errores Comunes

Si bien los *honeytokens* pueden ser una técnica poderosa para detectar y responder a intentos de acceso no autorizado y exfiltración de datos, no están exentos de desafíos y limitaciones. En esta sección, exploraremos algunas de las mejores prácticas esenciales y errores comunes a tener en cuenta al diseñar y desplegar estrategias de *honeytokens*.

Mejores Prácticas

1. Manténlo Simple: Los *honeytokens* deben ser diseñados para ser lo más simples posible, con objetivos claros y desencadenantes y alertas bien definidos. Los *honeytokens* más complejos o ambiguos pueden llevar a la confusión y los falsos positivos, y pueden ser más difíciles de gestionar y mantener a lo largo del tiempo.

2. Hazlo Creíble: Como se mencionó anteriormente, los *honeytokens* deben ser diseñados para ser lo más realistas y creíbles posible, de modo que los atacantes no puedan distinguirlos fácilmente de los datos y activos reales. Esto puede implicar el uso de formatos de datos, nombres de archivos y otras características que parezcan reales, así como la incorporación de pistas contextuales y metadatos para mejorar su credibilidad.

3. Integra con Herramientas y Procesos Existentes: Los *honeytokens* deben ser integrados con las herramientas y procesos de monitoreo de seguridad, respuesta a incidentes y protección de datos de tu organización para asegurar una detección y respuesta fluida y efectiva. Esto puede implicar configurar alertas y notificaciones para que se integren en tu SIEM u otros sistemas de monitoreo centralizados, y establecer procedimientos claros para investigar y mitigar posibles incidentes.

4. Involucra a las Partes Interesadas: Los despliegues de *honeytokens* deben involucrar una colaboración y comunicación estrechas con las partes interesadas relevantes en toda la organización, incluyendo propietarios del negocio, equipos legales y de cumplimiento, y departamentos de recursos humanos y capacitación. Esto puede ayudar a asegurar que los *honeytokens* estén alineados con la estrategia de seguridad general y los objetivos de gestión de riesgos de la organización, y que todas las partes relevantes estén al tanto y preparadas para responder a posibles incidentes.

5. Monitorea y Mide: Los *honeytokens* deben ser monitoreados y medidos continuamente en cuanto a su efectividad y rendimiento, con informes y análisis regulares para identificar tendencias, patrones y áreas de mejora. Esto puede implicar el seguimiento de métricas como el número y tipo de desencadenantes de *honeytokens*, el tiempo para detectar y responder a posibles incidentes, y el impacto general en la postura de seguridad de la organización.

Errores Comunes

1. Complicar Demasiado el Diseño: Como se mencionó anteriormente, los diseños de *honeytokens* más complejos o ambiguos pueden llevar a la confusión, los falsos positivos y la dificultad en la gestión y mantenimiento. Es esencial mantener el diseño lo más simple y enfocado posible, al tiempo que proporciona el nivel necesario de detección y respuesta.

2. Descuidar el Factor Humano: Los *honeytokens* son, en última instancia, una herramienta para detectar y responder al comportamiento humano, y como tal, deben tener en cuenta el potencial de error humano, negligencia o intención maliciosa. Esto puede implicar proporcionar una capacitación y orientación claras a los empleados sobre cómo identificar y reportar posibles incidentes de *honeytokens*, y establecer políticas y procedimientos claros para manejar datos y activos sensibles.

3. No Actualizar y Mantener: Los *honeytokens* deben ser actualizados regularmente para asegurar su efectividad y relevancia, particularmente a medida que el entorno, los activos y los riesgos de la organización evolucionan. Descuidar la actualización y mantenimiento de los *honeytokens* puede llevar a brechas en la cobertura, falsos positivos y una disminución del valor con el tiempo.

4. Sobrereliance en la Automatización: Si bien la automatización puede ser una herramienta poderosa para detectar y responder a posibles incidentes de *honeytokens*, es esencial no depender demasiado de las herramientas y procesos automatizados a expensas del juicio y la experiencia humanos. Las alertas y notificaciones automatizadas deben complementar, en lugar de reemplazar, el análisis y la toma de decisiones humanos.

5. Planificación Inadecuada de Respuesta: Finalmente, es esencial tener un plan claro y bien definido para responder a posibles incidentes de *honeytokens*, incluyendo procedimientos para la investigación, contención, erradicación y recuperación. La planificación inadecuada de la respuesta puede llevar a demoras, confusión y consecuencias potencialmente desastrosas en caso de un ataque o brecha real.

Al tener en cuenta estas mejores prácticas y errores comunes, las organizaciones pueden diseñar y desplegar estrategias efectivas de *honeytokens* que proporcionen inteligencia valiosa y una advertencia temprana de posibles amenazas, al tiempo que minimizan los falsos positivos y la carga operativa.

Historias de Éxito de Honeytokens

Para ilustrar el poder y el potencial de los *honeytokens* en acción, examinemos algunos ejemplos del mundo real de cómo las organizaciones han utilizado esta técnica para detectar y responder a posibles amenazas y ataques.

Estudio de Caso 1: Detectando una Amenaza Interna

En este estudio de caso, una gran empresa de servicios financieros experimentó una serie de filtraciones de datos y intentos de exfiltración no explicados durante varios meses. A pesar de invertir mucho en controles de seguridad tradicionales, como cortafuegos, sistemas de detección de intrusiones y herramientas de prevención de pérdida de datos (DLP), la empresa no pudo identificar la fuente de las filtraciones ni prevenir nuevos incidentes.

Sospechando que las filtraciones podrían ser el resultado de una amenaza interna, el equipo de seguridad de la empresa decidió desplegar una serie de *honeytokens* en toda su red y repositorios de datos. Estos incluían registros falsos de clientes, datos financieros y otra información sensible que pareciera real y tentadora para los posibles atacantes.

En pocos días, el equipo de seguridad recibió una alerta de que un usuario no autorizado había accedido a uno de los *honeytokens*. Al investigar, descubrieron que el usuario era un empleado que estaba exfiltrando datos de clientes en secreto y vendiéndolos a un corredor de datos externo.

Gracias a la advertencia temprana proporcionada por el *honeytoken*, la empresa pudo identificar y contener rápidamente la amenaza interna, previniendo futuras filtraciones de datos y minimizando el daño potencial a sus clientes y reputación. La empresa también utilizó el incidente para revisar y fortalecer sus controles de detección y prevención de amenazas internas, así como sus programas de capacitación y concienciación para empleados.

CAPÍTULO 4: TÉCNICA 3: HONEYTOKENS

Estudio de Caso 2: Detectando un Ataque a la Cadena de Suministro

En este estudio de caso, una gran empresa manufacturera fue víctima de una serie de ataques a la cadena de suministro, donde actores maliciosos se infiltraron en la red de la empresa a través de proveedores y suministradores comprometidos. A pesar de implementar varios controles de seguridad y procesos de gestión de riesgos de proveedores, la empresa luchaba por detectar y prevenir estos ataques antes de que pudieran causar daños significativos.

Para abordar este desafío, el equipo de seguridad de la empresa desplegó una serie de *honeytokens* en toda su cadena de suministro, incluyendo órdenes de compra falsas, facturas y otros documentos sensibles diseñados para atraer y rastrear a posibles atacantes. El equipo también trabajó estrechamente con sus proveedores y suministradores para asegurarse de que estuvieran al tanto y preparados para responder a posibles incidentes de *honeytokens*.

En unas pocas semanas después del despliegue, el equipo de seguridad recibió una alerta de que un usuario no autorizado había accedido a uno de los *honeytokens* desde una dirección IP maliciosa conocida. Al investigar, descubrieron que el usuario había infiltrado la red de la empresa a través de un portal de proveedor comprometido y había intentado exfiltrar datos sensibles y propiedad intelectual.

Gracias a la advertencia temprana proporcionada por el *honeytoken*, la empresa pudo identificar y contener rápidamente el ataque a la cadena de suministro, previniendo futuros daños y minimizando el impacto potencial en sus operaciones y reputación. La empresa también utilizó el incidente para revisar y fortalecer sus procesos de gestión de riesgos de proveedores y sus capacidades de respuesta y recuperación ante incidentes.

Estudio de Caso 3: Protegiendo la Propiedad Intelectual

En este estudio de caso, una pequeña *startup* biotecnológica había estado desarrollando un nuevo medicamento revolucionario que prometía revolucionar el tratamiento de un raro trastorno genético. Dado el alto riesgo y el valor potencial del medicamento, la empresa estaba profundamente preocupada por el riesgo de robo de propiedad intelectual y espionaje por parte de competidores y otros actores maliciosos.

Para ayudar a proteger sus valiosos datos de investigación y desarrollo, el equipo de seguridad de la empresa desplegó una serie de *honeytokens* en toda su red y repositorios de datos. Estos incluían fórmulas de medicamentos falsas, resultados de ensayos clínicos y otra información sensible diseñada para parecer real y atractiva para los posibles atacantes.

En pocas semanas, el equipo de seguridad recibió una alerta de que un usuario no autorizado desde una dirección IP extranjera había accedido a uno de los *honeytokens*. Al investigar, descubrieron que el usuario era un competidor conocido que había intentado robar las fórmulas de medicamentos y los datos de investigación patentados de la empresa.

Gracias a la advertencia temprana proporcionada por el *honeytoken*, la empresa pudo identificar y contener rápidamente el intento de robo de su propiedad intelectual, previniendo un daño potencialmente catastrófico a su negocio y perspectivas futuras. La empresa también utilizó el incidente para revisar y fortalecer sus políticas de protección de datos y control de acceso, así como sus programas de capacitación y concienciación para empleados sobre la seguridad de la propiedad intelectual.

Estos estudios de caso demuestran el poder y la versatilidad de los *honeytokens* para detectar y responder a una amplia gama de amenazas y ataques potenciales, desde amenazas internas y ataques a la cadena de suministro hasta robo de propiedad intelectual y espionaje. Al proporcionar una advertencia temprana e información valiosa sobre el comportamiento y las intenciones de los atacantes, los *honeytokens* pueden ayudar a las organizaciones de todos los tamaños e industrias a mejorar su postura de seguridad y su resiliencia ante las amenazas cibernéticas en evolución.

Por supuesto, aunque estas historias de éxito son convincentes, es esencial recordar que los *honeytokens* no son una solución mágica y deben ser utilizados junto con otros controles de seguridad y mejores prácticas para ser realmente efectivos. En la siguiente sección, exploraremos algunas de las limitaciones y consideraciones que rodean a los *honeytokens* y discutiremos cómo las organizaciones pueden superar estos desafíos para maximizar el valor y el impacto de esta poderosa técnica.

Limitaciones y Consideraciones

Si bien los *honeytokens* ofrecen muchas ventajas para detectar y responder a posibles amenazas y ataques, no están exentos de limitaciones y desafíos. En esta sección, exploraremos algunas de las consideraciones clave y posibles desventajas a tener en cuenta al diseñar y desplegar estrategias de *honeytokens*.

1. Falsos Positivos

Uno de los mayores desafíos con los *honeytokens* es el potencial de falsos positivos, es decir, alertas o notificaciones desencadenadas por actividad legítima o benigna en lugar de ataques o amenazas reales. Los falsos positivos pueden ser una carga significativa para los recursos del equipo de seguridad, lo que lleva a la fatiga de alertas y la complacencia.

Para minimizar el riesgo de falsos positivos, los *honeytokens* deben ser diseñados y colocados cuidadosamente para prevenir el acceso accidental o no intencional. Esto puede implicar el uso de convenciones de nombres únicas y distintivas, controles de acceso y otras medidas para asegurar que los *honeytokens* no sean fácilmente encontrados o accesados por usuarios legítimos.

También es esencial tener procesos y procedimientos claros para investigar y validar posibles alertas de *honeytokens*. Esto permitirá identificar y descartar rápidamente los falsos positivos, al tiempo que se responde rápidamente a los incidentes reales.

2. Mantenimiento y Actualización

Otro desafío potencial con los *honeytokens* es el mantenimiento y actualización continuos necesarios para asegurar su efectividad y relevancia a lo largo del tiempo. A medida que el entorno, los activos y los riesgos de una organización evolucionan, también deben hacerlo sus estrategias y despliegues de *honeytokens*.

Esto puede implicar revisar y actualizar periódicamente las ubicaciones, configuraciones y umbrales de alerta de los *honeytokens* para asegurar que sigan proporcionando el nivel deseado de cobertura y detección. También puede incluir retirar o reemplazar *honeytokens* más antiguos que ya no sean relevantes o efectivos, y desplegar nuevos para abordar amenazas y riesgos emergentes.

Para agilizar el mantenimiento y la actualización de los *honeytokens*, es esencial establecer una propiedad y responsabilidad claras para estos activos, así como procesos regulares de informes y revisión para asegurar que se gestionen y mantengan adecuadamente a lo largo del tiempo.

3. Integración e Interoperabilidad

Un tercer desafío potencial con los *honeytokens* es su integración e interoperabilidad con las herramientas, procesos y flujos de trabajo de seguridad existentes de una organización. Los *honeytokens* generan una cantidad significativa de datos y alertas que deben ser recopilados, analizados y actuados de manera oportuna y efectiva.

Para facilitar esta integración e interoperabilidad, los *honeytokens* deben ser diseñados con interfaces y APIs claras y bien definidas que puedan ser fácilmente integradas con herramientas y plataformas de seguridad como SIEM, SOAR y otras. Esto puede implicar el uso de formatos de datos, protocolos y flujos de trabajo estandarizados para asegurar que los datos de *honeytokens* puedan ser ingeridos y analizados sin problemas junto con otras fuentes de datos de seguridad.

También es esencial establecer procesos y procedimientos claros para la clasificación y respuesta a alertas de *honeytokens*, y coordinar con otras funciones y equipos de seguridad para asegurar una respuesta rápida y efectiva.

4. Consideraciones Legales y Éticas

Finalmente, es esencial considerar las implicaciones legales y éticas del uso de *honeytokens*, particularmente en casos donde pueden implicar la recopilación o el uso de datos sensibles o personales.

En algunas jurisdicciones, el uso de *honeytokens* puede estar sujeto a requisitos legales o regulatorios específicos relacionados con la protección de datos, la privacidad y el consentimiento. Es importante trabajar estrechamente con los equipos legales y de cumplimiento para asegurar que los despliegues de *honeytokens* cumplan con estos requisitos y no expongan a la organización a riesgos legales o reputacionales indebidos.

También es esencial considerar las implicaciones éticas del uso de técnicas de engaño y desinformación como los *honeytokens*, particularmente en casos donde pueden implicar la manipulación o el engaño de atacantes u otras personas. Si bien los *honeytokens* pueden ser una herramienta poderosa para detectar y disuadir el comportamiento malicioso, deben ser utilizados de manera juiciosa y con directrices y supervisión claras para asegurar que no sean abusados o mal utilizados.

Al considerar cuidadosamente estas limitaciones y desafíos, y tomar medidas proactivas para abordarlos, las organizaciones pueden maximizar el valor y el impacto de sus despliegues de *honeytokens*, al tiempo que minimizan los posibles riesgos y desventajas.

CAPÍTULO 4: TÉCNICA 3: HONEYTOKENS

El Futuro de los Honeytokens

Como hemos visto a lo largo de este capítulo, los *honeytokens* son una técnica poderosa y versátil para detectar y responder a las amenazas cibernéticas en tiempo real. Al proporcionar una advertencia temprana e información valiosa sobre el comportamiento y las intenciones de los atacantes, los *honeytokens* pueden ayudar a las organizaciones a mejorar su postura de seguridad y resiliencia ante los riesgos cibernéticos en evolución.

Mirando hacia el futuro, el futuro de los *honeytokens* es brillante, con muchos desarrollos e innovaciones emocionantes en el horizonte. Aquí hay solo algunas de las tendencias y oportunidades clave que vemos dando forma al futuro de esta poderosa técnica:

1. Aumento de la Automatización y la Inteligencia

Una de las mayores oportunidades para los *honeytokens* en los próximos años es el potencial de aumento de la automatización y la inteligencia en su diseño, despliegue y gestión. A medida que las tecnologías de aprendizaje automático e inteligencia artificial avanzan, esperamos ver estrategias de *honeytokens* más sofisticadas y adaptativas que se ajusten y optimicen automáticamente en función de las amenazas cambiantes y los factores ambientales.

Esto podría incluir sistemas de *honeytokens* que puedan generar y colocar activos falsos de manera dinámica en función de la inteligencia de amenazas en tiempo real y el análisis del comportamiento, o que puedan investigar y responder automáticamente a posibles incidentes en función de *playbooks* y flujos de trabajo predefinidos. Al aprovechar estas tecnologías avanzadas, las organizaciones pueden reducir el esfuerzo manual y la experiencia necesarios para desplegar y mantener estrategias efectivas de *honeytokens*, al tiempo que logran altos niveles de detección y respuesta.

2. Integración con Tecnologías de Engaño

Otra tendencia clave en el futuro de los *honeytokens* es su creciente integración y convergencia con otras tecnologías de engaño, como *honeypots*, señuelos y cebos. Al combinar estas técnicas en una estrategia de engaño coordinada y en capas, las organizaciones pueden crear una defensa más completa y efectiva contra las amenazas cibernéticas.

Por ejemplo, un sistema de *honeytokens* podría detectar y rastrear a los atacantes que han violado el perímetro de la red, mientras que un *honeypot* podría atraerlos lejos de los activos críticos y recopilar información adicional sobre sus tácticas y técnicas. Al integrar estas tecnologías y aprovechar sus fortalezas complementarias, las organizaciones pueden lograr un enfoque más holístico y adaptativo de la defensa cibernética.

3. Expansión a Nuevos Casos de Uso e Industrias

A medida que el panorama de amenazas continúa evolucionando y expandiéndose, también lo harán los posibles casos de uso y aplicaciones para los *honeytokens*. Además de los escenarios tradicionales de seguridad empresarial y protección de datos, podemos esperar ver a los *honeytokens* siendo utilizados enuna gama más amplia de industrias y contextos, tales como:

- Sistemas de control industrial y protección de infraestructura

crítica.
- Seguridad de IoT y dispositivos inteligentes.
- Seguridad en la nube y contenedores.
- Seguridad de *blockchain* y criptomonedas.
- Detección de fraudes en el comercio minorista y el comercio electrónico.
- Seguridad en el sector de la salud y dispositivos médicos.

Al adaptar y personalizar las estrategias de *honeytokens* a estos diversos casos de uso y entornos, las organizaciones pueden extender los beneficios de esta poderosa técnica a una gama más amplia de activos, datos y sistemas.

4. Colaboración y Compartición de Información

Finalmente, el futuro de los *honeytokens* probablemente implicará una mayor colaboración y compartición de información entre organizaciones, investigadores y proveedores de seguridad. A medida que el panorama de amenazas cibernéticas se vuelve más complejo e interconectado, será crucial que los defensores compartan inteligencia, mejores prácticas y lecciones aprendidas sobre el uso de tecnologías de engaño como los *honeytokens*.

Esto podría implicar el desarrollo de marcos, taxonomías y formatos de intercambio de datos estandarizados para los datos de *honeytokens*, así como la creación de repositorios y bases de conocimiento impulsados por la comunidad para compartir y analizar despliegues y resultados de *honeytokens*. Al fomentar una cultura de apertura y colaboración en torno a los *honeytokens*, la comunidad de ciberseguridad puede acelerar la adopción y efectividad de esta poderosa técnica, al tiempo que impulsa la innovación y la mejora continua a lo largo del tiempo.

Conclusión

Los *honeytokens* son una técnica poderosa y versátil para detectar, investigar y responder a las amenazas cibernéticas en tiempo real. Al crear datos falsos, credenciales y otros activos diseñados para atraer y rastrear a los atacantes, los *honeytokens* proporcionan una capa valiosa de engaño y distracción que ayuda a las organizaciones a mantenerse un paso adelante de los adversarios más sofisticados y decididos.

Como se ha explorado a lo largo de este capítulo, la clave del éxito con los *honeytokens* es una combinación de planificación cuidadosa, diseño, despliegue, monitoreo continuo, mantenimiento y refinamiento. Al seguir las mejores prácticas y evitar errores comunes, las organizaciones de todos los tamaños e industrias pueden aprovechar el poder de los *honeytokens* para mejorar su postura de seguridad y su resiliencia.

El futuro de los *honeytokens* es brillante, con muchos desarrollos e innovaciones emocionantes en el horizonte. Desde el aumento de la automatización y la inteligencia hasta la integración con otras tecnologías de engaño y la expansión a nuevos casos de uso e industrias, los *honeytokens* seguirán desempeñando un papel crítico en la lucha contra las amenazas cibernéticas durante muchos años.

Por supuesto, los *honeytokens* no son una solución mágica y deben ser utilizados junto con otros controles, procesos y mejores prácticas de seguridad para ser realmente efectivos. Al adoptar un enfoque holístico y adaptativo de la defensa cibernética, y al aprender y evolucionar continuamente sus estrategias de *honeytokens* a lo largo del tiempo, las organizaciones pueden maximizar el valor y el impacto de esta poderosa técnica.

Así que, ya seas un profesional de la seguridad experimentado que busca mejorar tus capacidades de detección y respuesta a amenazas, o un líder empresarial que busca comprender mejor el papel de la tecnología de engaño en tu estrategia de seguridad general, te animamos a explorar los muchos beneficios y aplicaciones de los *honeytokens* en tu entorno. Al adoptar esta técnica poderosa y prometedora, puedes tomar un enfoque proactivo y estratégico de la defensa cibernética y ayudar a proteger los activos y datos más valiosos de tu organización frente al panorama de amenazas en constante evolución.

Capítulo 5: Técnica 4: Búsqueda de Amenazas Impulsada por IA

Introducción

En el panorama de ciberseguridad en constante evolución, las organizaciones enfrentan una complejidad y sofisticación sin precedentes en las amenazas que deben defenderse. Desde amenazas persistentes avanzadas (APTs) y explotaciones de día cero hasta amenazas internas

CAPÍTULO 5: TÉCNICA 4: BÚSQUEDA DE AMENAZAS IMPULSADA POR IA

y ataques a la cadena de suministro, el entorno de amenazas cibernéticas modernas es más diverso y dinámico que nunca.

Muchas organizaciones están adoptando un enfoque proactivo y basado en datos conocido como búsqueda de amenazas. La búsqueda de amenazas implica buscar activamente signos de actividad maliciosa dentro de las redes y sistemas de una organización, en lugar de esperar alertas o incidentes.

Sin embargo, debido al gran volumen y la variedad de datos generados por los entornos empresariales modernos, la búsqueda manual de amenazas puede ser un proceso que consume mucho tiempo y recursos. Aquí es donde entran en juego las tecnologías de inteligencia artificial (IA) y aprendizaje automático (ML), ofreciendo el potencial de automatizar y acelerar el proceso de búsqueda de amenazas y descubrir amenazas ocultas que de otro modo podrían pasar desapercibidas.

Este capítulo explorará los conceptos, técnicas y herramientas clave que están dando forma a la búsqueda de amenazas impulsada por IA. Examinaremos los beneficios y desafíos del uso de IA para la búsqueda de amenazas y proporcionaremos orientación práctica sobre cómo diseñar, implementar y operar programas de búsqueda de amenazas impulsados por IA dentro de tu organización.

Ya seas un profesional de seguridad experimentado que busca mejorar tus capacidades de detección y respuesta a amenazas, o un líder empresarial que busca comprender mejor el potencial de la IA en la ciberseguridad, este capítulo te proporcionará el conocimiento y los conocimientos necesarios para aprovechar el poder de la búsqueda de amenazas impulsada por IA en tu entorno. ¡Empecemos!

Comprendiendo la Búsqueda de Amenazas Impulsada por IA

En su núcleo, la búsqueda de amenazas impulsada por IA consiste en aprovechar el poder de las tecnologías de inteligencia artificial y aprendizaje automático para automatizar y acelerar la identificación e investigación de posibles amenazas cibernéticas dentro de las redes y sistemas de una organización.

A diferencia de los enfoques tradicionales de monitoreo de seguridad y respuesta a incidentes, que dependen de reglas y firmas predefinidas para detectar amenazas conocidas, la búsqueda de amenazas impulsada por IA utiliza análisis avanzados y algoritmos de aprendizaje automático para identificar anomalías, patrones y comportamientos que pueden indicar amenazas emergentes o desconocidas previamente.

La premisa fundamental detrás de la búsqueda de amenazas impulsada por IA es que, al analizar grandes volúmenes de datos de seguridad de múltiples fuentes, como el tráfico de red, los registros del sistema, la actividad del usuario y los *feeds* de inteligencia de amenazas, los algoritmos de IA pueden identificar patrones sutiles y complejos que los analistas humanos o las herramientas de seguridad tradicionales podrían pasar por alto.

Por ejemplo, una plataforma de búsqueda de amenazas impulsada por IA podría utilizar técnicas de aprendizaje no supervisado para agrupar y visualizar datos de tráfico de red, destacando patrones inusuales o datos atípicos que podrían indicar la presencia de una cepa de *malware* desconocida o un canal de comando y control. O podría utilizar técnicas de aprendizaje supervisado para entrenar un clasificador en datos históricos de ataques, permitiéndole identificar y priorizar rápidamente nuevas amenazas que exhiben características similares a ataques conocidos.

Al automatizar y acelerar el proceso de búsqueda de amenazas, los enfoques impulsados por IA pueden ayudar a las organizaciones a detectar y responder a las amenazas cibernéticas más rápida y eficazmente, reduciendo el tiempo y los recursos necesarios para las investigaciones manuales y permitiendo que los equipos de seguridad se centren en actividades de mayor valor, como la respuesta a incidentes y la remediación.

Sin embargo, es importante notar que la búsqueda de amenazas impulsada por IA no es una solución mágica y debe ser utilizada junto con otros controles de seguridad, procesos y experiencia humana para ser verdaderamente efectiva. En las siguientes secciones, exploraremos algunas de las consideraciones clave y mejores prácticas para diseñar e implementar programas de búsqueda de amenazas impulsados por IA, así como los desafíos y limitaciones que debemos tener en cuenta.

Conceptos y Técnicas Clave

Para diseñar e implementar eficazmente un programa de búsqueda de amenazas impulsado por IA, es esencial tener una comprensión sólida de los conceptos y técnicas clave involucrados. Esta sección explorará algunos de los bloques de construcción fundamentales de la búsqueda de amenazas impulsada por IA y cómo pueden aplicarse a escenarios de seguridad del mundo real.

1. Algoritmos de Aprendizaje Automático

En el corazón de cualquier plataforma de búsqueda de amenazas impulsada por IA se encuentran los algoritmos de aprendizaje automático que impulsan sus capacidades de análisis y detección. Hay muchos algoritmos de aprendizaje automático que pueden ser utilizados para la búsqueda de amenazas, cada uno con sus fortalezas y limitaciones dependiendo del caso de uso específico y los tipos de datos involucrados.

Algunos de los algoritmos de aprendizaje automático más comúnmente utilizados para la búsqueda de amenazas incluyen:

- **Aprendizaje No Supervisado:** Los algoritmos de aprendizaje no supervisado identifican patrones y anomalías en los datos sin necesidad de datos de entrenamiento etiquetados. Algunas técnicas comunes de aprendizaje no supervisado utilizadas en la búsqueda de amenazas incluyen el *clustering*, la detección de anomalías y la reducción de dimensionalidad.
- **Aprendizaje Supervisado:** Los algoritmos de aprendizaje supervisado entrenan modelos en datos etiquetados, permitiéndoles clasificar o predecir nuevos datos basados en patrones y características aprendidos. Algunas técnicas comunes de aprendizaje supervisado utilizadas en la búsqueda de amenazas incluyen la clasificación, la regresión y el aprendizaje profundo.
- **Aprendizaje Semisupervisado:** Los algoritmos de aprendizaje semisupervisado combinan elementos de aprendizaje no supervisado y supervisado, utilizando una pequeña cantidad de datos etiquetados para guiar el proceso de aprendizaje mientras aprovechan el poder de las técnicas no supervisadas para identificar nuevos patrones desconocidos.

- **Aprendizaje por Refuerzo:** Los algoritmos de aprendizaje por refuerzo entrenan modelos a través de interacciones de prueba y error con un entorno, permitiéndoles aprender estrategias óptimas para alcanzar un objetivo o meta dada. Aunque se utilizan menos comúnmente en la búsqueda de amenazas hoy en día, el aprendizaje por refuerzo tiene el potencial de habilitar capacidades de detección y respuesta a amenazas más adaptativas y autónomas en el futuro.

2. Preprocesamiento de Datos e Ingeniería de Características

Otro aspecto crítico de la búsqueda de amenazas impulsada por IA es el preprocesamiento y la ingeniería de características de los datos de seguridad para que sean adecuados para el análisis de los algoritmos de aprendizaje automático. Esto implica la limpieza, normalización y transformación de datos, así como la selección y extracción de características y atributos relevantes de las fuentes de datos en bruto.

Por ejemplo, los datos de tráfico de red pueden necesitar ser analizados y filtrados para extraer campos relevantes como direcciones IP de origen y destino, puertos, protocolos y contenidos de *payload*. Los registros del sistema pueden necesitar ser normalizados y agregados para crear una vista unificada de las actividades de usuarios y hosts en diferentes dispositivos y plataformas. Los *feeds* de inteligencia de amenazas pueden necesitar ser enriquecidos y correlacionados con fuentes de datos internas para proporcionar contexto adicional e indicadores de compromiso.

El preprocesamiento de datos eficaz y la ingeniería de características requieren una comprensión profunda de las fuentes de datos, los algoritmos de aprendizaje automático y los casos de uso y objetivos de seguridad específicos que se están abordando. También requieren prácticas robustas de gobernanza y gestión de datos para asegurar la calidad, consistencia y seguridad de los datos utilizados para la búsqueda de amenazas.

3. Detección de Anomalías y Análisis de Comportamiento

Una técnica esencial utilizada en la búsqueda de amenazas impulsada por IA es la detección de anomalías, que implica identificar patrones o comportamientos que se desvían de la norma o línea base esperada. La detección de anomalías puede ser utilizada para identificar una amplia gama de amenazas potenciales, desde patrones inusuales de tráfico de red y utilización de recursos del sistema hasta actividades sospechosas de usuarios y comportamientos de aplicaciones.

Existen muchos enfoques diferentes para la detección de anomalías, que van desde métodos estadísticos simples hasta técnicas más avanzadas de aprendizaje automático. Algunas técnicas comunes de detección de anomalías utilizadas en la búsqueda de amenazas incluyen:

- **Detección de Anomalías Estadísticas:** Métodos estadísticos como puntuaciones Z, distancias Mahalanobis y la prueba de Grubbs pueden ser utilizados para identificar datos atípicos y desviaciones de la norma basados en las propiedades estadísticas de los datos.
- **Detección de Anomalías Basadas en Densidad:** Métodos basados en densidad como el Factor Local de Anomalía (LOF) y el Bosque de Aislamiento pueden identificar anomalías basadas en su densidad y proximidad a otros puntos de datos en el espacio de características.
- **Detección de Anomalías Basadas en *Clustering*:** Métodos de

clustering como k-means y DBSCAN pueden ser utilizados para agrupar puntos de datos similares y identificar anomalías como aquellos que no se ajustan bien a ninguno de los *clusters*.

- **Detección de Anomalías Basadas en Aprendizaje Profundo:** Métodos de aprendizaje profundo como *autoencoders* y redes generativas adversarias (GANs) pueden aprender patrones y representaciones complejas de comportamiento normal e identificar anomalías como desviaciones de estos patrones.

Otra técnica relacionada con la búsqueda de amenazas impulsada por IA es el análisis de comportamiento, que implica analizar los patrones de comportamiento de usuarios y entidades para identificar posibles riesgos de seguridad. El análisis de comportamiento puede ayudar a detectar amenazas internas, cuentas comprometidas y otras actividades maliciosas que pueden no ser evidentes de inmediato a partir de eventos o alertas individuales.

4. Inteligencia de Amenazas y Atribución

La búsqueda de amenazas impulsada por IA a menudo implica el uso de inteligencia de amenazas y técnicas de atribución para proporcionar contexto adicional e información sobre posibles amenazas. La inteligencia de amenazas se refiere a la información y el conocimiento sobre las tácticas, técnicas y procedimientos (TTPs) de los adversarios cibernéticos, indicadores de compromiso (IoCs) y otros artefactos que pueden ser utilizados para detectar y responder a las amenazas.

Existen muchas fuentes de inteligencia de amenazas, que van desde feeds de código abierto y proveedores comerciales hasta fuentes gubernamentales y específicas de la industria. Algunos tipos comunes de inteligencia de amenazas utilizados en la búsqueda de amenazas impulsada por IA incluyen:

- **Indicadores de Compromiso (IoCs):** Los IoCs son artefactos o piezas de evidencia que pueden ser utilizados para identificar actividad maliciosa, como direcciones IP, nombres de dominio, *hashes* de archivos y claves de registro.
- **Tácticas, Técnicas y Procedimientos (TTPs):** Los TTPs se refieren a los métodos y comportamientos utilizados por los adversarios cibernéticos para llevar a cabo ataques, como el *phishing*, la entrega de *malware*, el movimiento lateral y la exfiltración de datos.
- **Perfiles y Motivaciones de Adversarios:** Los perfiles de adversarios proporcionan información sobre las identidades, capacidades y motivaciones de actores o grupos de amenazas específicos, lo que puede ayudar a informar las evaluaciones de riesgos y la priorización de amenazas.

La atribución de amenazas se refiere al proceso de identificar y caracterizar las fuentes y patrocinadores de los ataques cibernéticos basados en indicadores técnicos, operativos y estratégicos. La búsqueda de amenazas impulsada por IA puede ayudar a automatizar y acelerar el proceso de atribución al analizar patrones y correlaciones en múltiples fuentes de datos y feeds de inteligencia de amenazas.

5. Visualización e IA Explicable

Finalmente, un aspecto importante de la búsqueda de amenazas impulsada por IA es el uso de técnicas de visualización e IA explicable para hacer que los modelos de aprendizaje automático y los resultados sean transparentes e interpretables. Las técnicas de visualización como el *clustering*, la reducción de dimensionalidad y el análisis de gráficos

CAPÍTULO 5: TÉCNICA 4: BÚSQUEDA DE AMENAZAS IMPULSADA POR IA

pueden ayudar a los analistas de seguridad a identificar rápidamente patrones y relaciones en conjuntos de datos complejos y guiar los esfuerzos de investigación y respuesta.

Las técnicas de IA explicable, como el análisis de importancia de características, la extracción de reglas y las explicaciones contrafactuales, pueden proporcionar información sobre cómo los modelos de aprendizaje automático llegan a sus predicciones y decisiones y permitir a los analistas validar y confiar en los resultados. Esto es particularmente importante en las operaciones de seguridad, donde los falsos positivos y negativos pueden tener consecuencias significativas y requieren una investigación y validación cuidadosas.

Al combinar estos conceptos y técnicas clave, las organizaciones pueden diseñar e implementar programas efectivos de búsqueda de amenazas impulsados por IA que pueden ayudar a detectar y responder a amenazas cibernéticas avanzadas y emergentes de manera más rápida y eficiente. Sin embargo, es esencial abordar la búsqueda de amenazas impulsada por IA con una mentalidad estratégica y holística y considerar cuidadosamente las implicaciones operativas, organizativas y éticas de usar estas poderosas tecnologías en un contexto de seguridad.

Diseñando e Implementando un Programa de Búsqueda de Amenazas Impulsado por IA

Ahora que hemos explorado algunos de los conceptos y técnicas clave detrás de la búsqueda de amenazas impulsada por IA, veamos más de cerca cómo diseñar e implementar un programa efectivo dentro de tu organización. Aunque los detalles variarán según tu entorno único, perfil de riesgos y objetivos de seguridad, hay varios pasos y consideraciones clave que son comunes a la mayoría de las iniciativas de búsqueda de amenazas impulsadas por IA.

1. Define Tus Objetivos y Alcance

El primer paso para diseñar un programa de búsqueda de amenazas impulsado por IA es definir claramente tus objetivos y alcance. ¿Qué riesgos y amenazas de seguridad específicos estás tratando de abordar? ¿Qué activos, sistemas y fuentes de datos están dentro del alcance de tus esfuerzos de búsqueda de amenazas? ¿Y cuáles son tus métricas de éxito y rendimiento clave?.

Algunos objetivos comunes para los programas de búsqueda de amenazas impulsados por IA incluyen:

- Detectar y responder a amenazas avanzadas y emergentes que pueden evadir los controles de seguridad tradicionales.
- Reducir el tiempo para detectar y contener incidentes de seguridad.
- Mejorar la precisión y eficiencia de los procesos de detección e investigación de amenazas.
- Mejorar la conciencia situacional y la toma de decisiones para los equipos de operaciones de seguridad.

- Habilitar capacidades proactivas y continuas de monitoreo y respuesta.

Involucra a las partes interesadas clave, incluidos líderes de TI, seguridad y negocios, para asegurar que los objetivos de búsqueda de amenazas estén alineados con los objetivos y prioridades organizacionales más amplios.

2. Evalúa Tus Capacidades y Brechas Actuales

Una vez que hayas establecido tus objetivos y alcance, el siguiente paso es revisar tus capacidades actuales e identificar cualquier brecha o área de mejora. Esto incluye evaluar tus herramientas de seguridad, procesos y conjuntos de habilidades existentes, así como tus fuentes de datos y capacidades de análisis.

Algunas preguntas clave a considerar incluyen:

- ¿Qué datos de seguridad estás recopilando y analizando, y de qué fuentes?.
- ¿Cómo estás detectando e investigando actualmente posibles amenazas, y cuáles son las limitaciones y desafíos de estos enfoques?.
- ¿Qué capacidades de automatización y análisis tienes implementadas, y cómo se están utilizando para la búsqueda de amenazas hoy en día?.
- ¿Qué habilidades y conocimientos poseen tus equipos de seguridad, y qué capacitación o recursos adicionales pueden ser necesarios para respaldar los esfuerzos de búsqueda de amenazas impulsados por IA?.

Basado en esta evaluación, puedes identificar áreas donde las tecnologías de IA y aprendizaje automático pueden ayudar a mejorar y aumentar tus capacidades actuales de búsqueda de amenazas y priorizar inversiones e iniciativas en consecuencia.

3. Selecciona e Implementa Herramientas y Plataformas de Búsqueda de Amenazas Impulsadas por IA

Con una comprensión clara de tus objetivos, alcance y brechas, el siguiente paso es seleccionar e implementar las herramientas y plataformas específicas de búsqueda de amenazas impulsadas por IA que ayudarán a tu programa. Hay muchas opciones disponibles, desde soluciones de código abierto y comerciales listas para usar hasta plataformas personalizadas e integradas.

Algunos factores clave a considerar al evaluar y seleccionar herramientas de búsqueda de amenazas impulsadas por IA incluyen:

- **Integración y Gestión de Datos:** ¿Qué tan bien se integra la herramienta con tus fuentes de datos de seguridad y plataformas de gestión existentes, y qué nivel de preprocesamiento y normalización de datos se requiere?.
- **Capacidades de Aprendizaje Automático y Análisis:** ¿Qué algoritmos y técnicas de aprendizaje automático soporta la herramienta, y qué tan bien se alinean con tus casos de uso específicos de búsqueda de amenazas y objetivos?.
- **Visualización y Explicabilidad:** ¿Cómo presenta y visualiza la herramienta los resultados e información de la búsqueda de amenazas, y qué nivel de explicabilidad e interpretabilidad se proporciona para los modelos y decisiones de aprendizaje automático subyacentes?.

CAPÍTULO 5: TÉCNICA 4: BÚSQUEDA DE AMENAZAS IMPULSADA POR IA

- **Escalabilidad y Rendimiento:** ¿Qué tan bien escala la herramienta para manejar grandes volúmenes y variedades de datos de seguridad, y qué nivel de rendimiento y capacidad de respuesta se puede esperar para escenarios de búsqueda de amenazas e investigación en tiempo real?.
- **Integración y Automatización:** ¿Qué tan bien se integra la herramienta con tus procesos y herramientas de operaciones de seguridad y respuesta a incidentes existentes, y qué nivel de automatización y orquestación se soporta para acciones de contención y remediación de amenazas?.

Una vez que hayas seleccionado tus herramientas y plataformas de búsqueda de amenazas impulsadas por IA, el siguiente paso es implementarlas y configurarlas dentro de tu entorno. Esto típicamente implica la incorporación y normalización de datos, el entrenamiento y ajuste de modelos, y la integración con herramientas y flujos de trabajo de seguridad.

Es esencial abordar el proceso de implementación con un enfoque por fases e iterativo, comenzando con un conjunto enfocado de casos de uso y fuentes de datos y expandiéndolos gradualmente a medida que adquieras confianza y experiencia con las herramientas y técnicas. También es importante establecer roles y responsabilidades claros para los diversos aspectos del programa de búsqueda de amenazas, incluidos la gestión de datos, el desarrollo de modelos y las operaciones de seguridad.

4. Desarrolla y Opera Procesos y *Playbooks* de Búsqueda de Amenazas

Además de implementar las herramientas y plataformas técnicas para la búsqueda de amenazas impulsada por IA, es esencial desarrollar y operar los procesos y *playbooks* subyacentes que guiarán tus actividades de búsqueda de amenazas. Esto incluye definir roles y responsabilidades claros para las diversas etapas del ciclo de vida de la búsqueda de amenazas, desde la recopilación y análisis de datos hasta la investigación y respuesta.

Algunos elementos clave a considerar al desarrollar procesos y *playbooks* de búsqueda de amenazas incluyen:

- **Modelado y Priorización de Amenazas:** ¿Cómo identificarás y priorizarás las amenazas y escenarios de ataque más relevantes para tu organización, basándote en tu perfil de riesgos único y objetivos de seguridad?.
- **Generación y Prueba de Hipótesis:** ¿Cómo generarás y probarás hipótesis específicas sobre posibles amenazas y anomalías basadas en los conocimientos y resultados generados por tus herramientas y técnicas de búsqueda de amenazas impulsadas por IA?.
- **Investigación y Análisis:** ¿Qué procesos y procedimientos seguirás para investigar y analizar posibles amenazas y anomalías, incluida la recopilación de contexto y evidencia adicional de otras herramientas y fuentes de datos de seguridad?.
- **Respuesta y Remediación:** ¿Cómo coordinarás y ejecutarás acciones de respuesta y remediación para amenazas e incidentes confirmados, incluidas las etapas de contención, erradicación y recuperación?.
- **Informes y Métricas:** ¿Cómo medirás e informarás sobre la efectividad e impacto de tu programa de búsqueda de amenazas impulsado por IA, incluidos los indicadores clave de rendimiento (KPIs) y métricas de éxito?.

Documentar y codificar estos procesos y *playbooks* en un formato claro y accesible, como libros de ejecución, diagramas de flujo o árboles de decisiones, asegura consistencia y repetibilidad en diferentes equipos e individuos. Estos procesos y *playbooks* también deben ser revisados y actualizados regularmente basados en lecciones aprendidas y cambios en el panorama de amenazas.

5. Fomenta una Cultura de Aprendizaje y Mejora Continua

Finalmente, para maximizar verdaderamente el valor e impacto de tu programa de búsqueda de amenazas impulsado por IA, es esencial fomentar una cultura de aprendizaje y mejora continua en toda tu organización de seguridad. Esto incluye capacitación y educación continuas para los equipos de seguridad sobre las últimas técnicas y tecnologías de búsqueda de amenazas, así como fomentar la experimentación e innovación con nuevos enfoques e ideas.

Algunas estrategias clave para fomentar una cultura de aprendizaje y mejora continua en la búsqueda de amenazas impulsada por IA incluyen:

- Fomentar la colaboración y el intercambio de conocimientos entre diferentes dominios y disciplinas de seguridad, como la seguridad de red, la protección de endpoints y la respuesta a incidentes.
- Establecer ciclos regulares de retroalimentación y retrospectivas para reflexionar sobre éxitos, desafíos y oportunidades de mejora en tus procesos y herramientas de búsqueda de amenazas.
- Participar en foros, conferencias e iniciativas de investigación de la industria para mantenerse al día sobre los últimos desarrollos y mejores prácticas en la búsqueda de amenazas impulsada por IA.
- Asociarse con proveedores, investigadores y colegas externos

para compartir inteligencia de amenazas, datos e información, y colaborar en iniciativas conjuntas de búsqueda y respuesta de amenazas.

Al aprender y adaptar continuamente tu programa de búsqueda de amenazas impulsado por IA a lo largo del tiempo, puedes asegurar que siga siendo efectivo y relevante frente a amenazas cibernéticas en constante evolución y tácticas de ataque.

Ejemplos del Mundo Real y Estudios de Caso

Para ilustrar el poder y potencial de la búsqueda de amenazas impulsada por IA, examinemos algunos ejemplos y estudios de caso del mundo real de organizaciones que han implementado con éxito estas técnicas y tecnologías para mejorar su postura de seguridad y resiliencia.

1. Estudio de Caso: Empresa Global de Servicios Financieros

Una gran empresa global de servicios financieros estaba luchando por mantenerse al día con el creciente volumen y la sofisticación de las amenazas cibernéticas que apuntaban a sus redes y sistemas. A pesar de invertir mucho en herramientas y controles de seguridad tradicionales, el equipo de operaciones de seguridad estaba abrumado con alertas e incidentes y tenía dificultades para identificar y responder rápidamente a ataques avanzados y dirigidos.

Para abordar estos desafíos, la empresa implementó un programa de búsqueda de amenazas impulsado por IA, aprovechando el aprendizaje automático y el análisis de *big data* para identificar e investigar posibles amenazas en su entorno de TI complejo y distribuido.

La empresa comenzó definiendo objetivos y casos de uso claros para su programa de búsqueda de amenazas, enfocándose en áreas clave de riesgo como amenazas internas, APTs y ataques a la cadena de suministro. Luego evaluó sus fuentes de datos de seguridad y capacidades de análisis actuales, identificando brechas y oportunidades de mejora.

Basado en esta evaluación, la empresa seleccionó e implementó un conjunto de herramientas y plataformas de búsqueda de amenazas impulsadas por IA, incluido un sistema de gestión de información y eventos de seguridad (SIEM), una plataforma de análisis de comportamiento de usuarios y entidades (UEBA) y una plataforma de inteligencia de amenazas (TIP). Estas herramientas se integraron con la infraestructura y fuentes de datos de seguridad de la empresa y se configuraron para soportar casos de uso y flujos de trabajo específicos de búsqueda de amenazas.

La empresa también desarrolló y operó procesos y *playbooks* de búsqueda de amenazas estandarizados, definiendo roles y responsabilidades claros para la recopilación de datos, análisis, investigación y respuesta. Estos procesos fueron diseñados para ser flexibles y adaptativos, permitiendo que el equipo de operaciones de seguridad ajuste rápidamente sus actividades de búsqueda de amenazas según las amenazas emergentes y las necesidades comerciales cambiantes.

Con el tiempo, el programa de búsqueda de amenazas impulsado por IA de la empresa entregó un valor e impacto significativo, permitiendo al equipo de operaciones de seguridad detectar y responder a amenazas más rápida y eficientemente. Por ejemplo, la plataforma UEBA identificó varios casos de amenazas internas y uso indebido de cuentas privilegiadas que no se habían detectado anteriormente, mientras que la TIP proporcionó contexto y atribución valiosos para una serie de campañas de *phishing* dirigidas.

Al monitorear y refinar continuamente sus procesos y modelos de búsqueda de amenazas, la empresa mejoró su postura de seguridad y resiliencia, reduciendo la exposición al riesgo y los tiempos de respuesta a incidentes, al tiempo que liberaba recursos valiosos para iniciativas de seguridad más estratégicas.

2. Estudio de Caso: Empresa de Energía y Servicios Públicos

Una empresa de energía y servicios públicos enfrentaba riesgos y desafíos crecientes relacionados con la seguridad de sus sistemas de control industrial (ICS) y entornos de tecnología operativa (OT). Con la convergencia de redes de TI y OT y el creciente uso de dispositivos y sensores conectados a internet, la empresa estaba preocupada por el potencial de ciberataques que pudieran interrumpir su infraestructura y servicios críticos.

Para abordar estos riesgos, la empresa implementó un programa de búsqueda de amenazas impulsado por IA enfocado en sus entornos ICS y OT. El programa fue diseñado para aprovechar técnicas de aprendizaje automático y detección de anomalías para identificar amenazas y vulnerabilidades potenciales en tiempo real, basándose en datos de diversas fuentes, como el tráfico de red, los registros del sistema y las lecturas de sensores.

CAPÍTULO 5: TÉCNICA 4: BÚSQUEDA DE AMENAZAS IMPULSADA POR IA

La empresa comenzó realizando una evaluación exhaustiva de sus activos y fuentes de datos ICS y OT, identificando sistemas y dispositivos clave que eran críticos para sus operaciones y entrega de servicios. Luego desplegó un conjunto de herramientas especializadas de monitoreo y análisis de seguridad para ICS/OT, incluidos sensores de red pasivos, analizadores de protocolos y plataformas de descubrimiento y gestión de activos.

Estas herramientas se integraron con el centro de operaciones de seguridad (SOC) y los procesos de respuesta a incidentes existentes de la empresa, permitiendo al equipo de seguridad investigar y responder rápidamente a posibles amenazas y anomalías. La empresa también desarrolló un conjunto de modelos y reglas personalizados de aprendizaje automático específicamente adaptados a sus entornos y flujos de trabajo ICS y OT, basados en una combinación de estándares de la industria, recomendaciones de proveedores y experiencia interna en la materia.

Con el tiempo, el programa de búsqueda de amenazas ICS/OT de la empresa comenzó a entregar un valor e impacto significativo, permitiendo al equipo de seguridad identificar y mitigar proactivamente riesgos y vulnerabilidades potenciales antes de que los atacantes pudieran explotarlos. Por ejemplo, el programa detectó varios casos de acceso no autorizado a la red y manipulación de dispositivos que podrían haber llevado a interrupciones operativas o incidentes de seguridad.

Al monitorear y analizar continuamente sus entornos ICS y OT utilizando técnicas de búsqueda de amenazas impulsadas por IA, la empresa mejoró su postura de seguridad general y resiliencia, al tiempo que ganaba una mayor visibilidad y control sobre su infraestructura y activos críticos.

3. Estudio de Caso: Red de Proveedores de Atención Médica

Una extensa red de proveedores de atención médica estaba luchando por mantenerse al día con el creciente volumen y complejidad de las amenazas cibernéticas que apuntaban a datos sensibles de pacientes y dispositivos médicos. Con el uso creciente de registros electrónicos de salud (EHRs), telemedicina y dispositivos médicos conectados a internet (IoMT), la red estaba preocupada por el potencial de violaciones de datos, ataques de *ransomware* y otros incidentes cibernéticos que pudieran comprometer la seguridad y privacidad de los pacientes.

Para abordar estos riesgos, la red de proveedores de atención médica implementó un programa de búsqueda de amenazas impulsado por IA enfocado en detectar y responder a amenazas en su entorno de TI de atención médica complejo y distribuido. El programa fue diseñado para aprovechar técnicas de aprendizaje automático y análisis de comportamiento para identificar amenazas y anomalías potenciales en tiempo real, basándose en datos de diversas fuentes, como el tráfico de red, los registros del sistema y los sensores de dispositivos médicos.

La red comenzó realizando una evaluación de riesgos exhaustiva y un inventario de sus activos y fuentes de datos de TI de atención médica, identificando sistemas y dispositivos clave que eran críticos para la atención y operaciones de los pacientes. Luego desplegó un conjunto de herramientas especializadas de monitoreo y análisis de seguridad para la atención médica, incluidos sistemas de prevención de pérdida de datos (DLP), plataformas de seguridad de registros electrónicos de salud (EHR) y soluciones de gestión de seguridad de dispositivos médicos.

Estas herramientas se integraron con el centro de operaciones de seguridad (SOC) y los procesos de respuesta a incidentes existentes de la red, permitiendo al equipo de seguridad investigar y responder rápidamente a posibles amenazas e incidentes. La red también desarrolló un conjunto de modelos y reglas personalizados de aprendizaje automático específicamente adaptados a su entorno y flujos de trabajo de atención médica únicos, basados en una combinación de estándares de la industria, requisitos regulatorios y experiencia clínica interna.

Con el tiempo, el programa de búsqueda de amenazas en la atención médica de la red entregó un valor e impacto significativo, permitiendo al equipo de seguridad identificar y mitigar proactivamente riesgos potenciales para la seguridad y privacidad de los pacientes. Por ejemplo, el programa detectó varios casos de acceso no autorizado a datos sensibles de pacientes y vulnerabilidades potenciales en dispositivos médicos que podrían haber sido explotadas por atacantes.

Al monitorear y analizar continuamente su entorno de TI de atención médica utilizando técnicas de búsqueda de amenazas impulsadas por IA, la red mejoró su postura de seguridad general y cumplimiento, al tiempo que proporcionaba una mejor protección y garantía a sus pacientes, clínicos y partes interesadas.

Conclusión y Puntos Clave

En este capítulo, hemos explorado el campo emocionante y en rápida evolución de la búsqueda de amenazas impulsada por IA y cómo puede ayudar a las organizaciones a detectar y responder más eficazmente a amenazas cibernéticas avanzadas y emergentes.

Hemos examinado los conceptos y técnicas clave detrás de la búsqueda de amenazas impulsada por IA, incluidos los algoritmos de aprendizaje automático, el preprocesamiento de datos y la ingeniería de características, la detección de anomalías y el análisis de comportamiento, la inteligencia de amenazas y la atribución, y la visualización y la IA explicable.

También hemos analizado los pasos y consideraciones clave involucrados en el diseño e implementación de un programa efectivo de búsqueda de amenazas impulsado por IA, incluidos definir objetivos y alcance claros, evaluar capacidades y brechas actuales, seleccionar e implementar herramientas y plataformas, desarrollar y operar procesos y *playbooks*, y fomentar una cultura de aprendizaje y mejora continua.

Finalmente, hemos explorado ejemplos del mundo real y estudios de caso de organizaciones que han aprovechado con éxito las técnicas de búsqueda de amenazas impulsadas por IA para mejorar su postura de seguridad y resiliencia en una variedad de industrias y casos de uso.

Como hemos visto a lo largo de este capítulo, la búsqueda de amenazas impulsada por IA representa un enfoque poderoso y prometedor para la ciberseguridad, que puede ayudar a las organizaciones a mantenerse a la vanguardia del panorama de amenazas en constante evolución y proteger sus activos y datos críticos del daño.

Sin embargo, es esencial abordar la búsqueda de amenazas impulsada por IA con una mentalidad estratégica y holística, reconociendo que no es una solución mágica ni un reemplazo para otros controles y prácticas de seguridad importantes. Para ser verdaderamente efectiva, la búsqueda de amenazas impulsada por IA debe integrarse con el marco más amplio de operaciones de seguridad y gestión de riesgos de una organización y estar respaldada por una cultura de colaboración, experimentación y mejora continua.

Algunos puntos clave y recomendaciones para las organizaciones que buscan adoptar o mejorar sus capacidades de búsqueda de amenazas impulsadas por IA incluyen:

1. Comienza con una comprensión clara de los riesgos, objetivos y prioridades de seguridad únicos de tu organización, y utiliza esto para guiar tu estrategia y alcance de búsqueda de amenazas.
2. Evalúa tus herramientas de seguridad, procesos y conjuntos de habilidades actuales, e identifica áreas donde las tecnologías de IA y aprendizaje automático pueden ayudar a mejorar y aumentar tus capacidades de búsqueda de amenazas.
3. Selecciona e implementa herramientas y plataformas de búsqueda de amenazas impulsadas por IA que estén bien adaptadas a tus casos de uso específicos y fuentes de datos, y que proporcionen el equilibrio adecuado de rendimiento, escalabilidad y explicabilidad.
4. Desarrolla y opera procesos y *playbooks* de búsqueda de amenazas estandarizados que definan roles y responsabilidades claros para la recopilación de datos, análisis, investigación y respuesta.
5. Fomenta una cultura de aprendizaje y mejora continua en toda tu organización de seguridad, alentando la experimentación, la innovación y la colaboración con partes interesadas internas y externas.

Al seguir estas recomendaciones y adoptar un enfoque proactivo y basado en datos para la búsqueda de amenazas, las organizaciones pueden mejorar su capacidad para detectar y responder a amenazas cibernéticas avanzadas y emergentes, y en última instancia fortalecer su postura de seguridad general y resiliencia en un panorama de amenazas en constante cambio.

Capítulo 6: Técnica 5: Criptografía Cuántica para Comunicaciones Seguras

Introducción

En el mundo cada vez más interconectado y digitalizado de hoy, la seguridad y privacidad de nuestras comunicaciones nunca han sido más críticas. Desde transacciones comerciales sensibles y datos financieros hasta mensajes personales y propiedad intelectual, proteger nuestros activos digitales del acceso no autorizado y la interceptación es primordial.

Sin embargo, a medida que las capacidades de los ciberatacantes continúan evolucionando y expandiéndose, los métodos criptográficos tradicionales basados en la complejidad matemática enfrentan crecientes desafíos y vulnerabilidades. El auge de las potentes computadoras cuánticas, en particular, representa una amenaza significativa para la seguridad de muchos algoritmos de cifrado ampliamente utilizados, como RSA y la criptografía de curva elíptica.

En respuesta a estos desafíos, ha surgido un nuevo campo de la criptografía que aprovecha los principios fundamentales de la mecánica cuántica para permitir comunicaciones con seguridad demostrable: la criptografía cuántica. Al codificar información en los estados cuánticos de los fotones y transmitirlos a través de canales ópticos, la criptografía cuántica ofrece la promesa de una seguridad incondicional, incluso frente a un poder y recursos computacionales ilimitados.

En este capítulo, exploraremos el fascinante mundo de la criptografía cuántica, sus fundamentos teóricos, implementaciones prácticas y aplicaciones potenciales para la comunicación segura. Examinaremos los protocolos y técnicas fundamentales utilizados en la criptografía cuántica, como la distribución cuántica de claves (QKD) y la generación cuántica de números aleatorios (QRNG), y discutiremos sus ventajas y limitaciones en comparación con la criptografía clásica.

También veremos algunos de los esfuerzos de investigación y desarrollo más avanzados en criptografía cuántica, incluidos el uso de redes de QKD basadas en satélites, la integración de la criptografía cuántica con infraestructuras de comunicación existentes y el desarrollo de algoritmos criptográficos clásicos resistentes a la cuántica.

Ya seas un profesional de la ciberseguridad que busca mantenerse a la vanguardia, un investigador que explora las fronteras de la ciencia de la información cuántica o simplemente un lector curioso interesado en el futuro de la comunicación segura, este capítulo te proporcionará una introducción completa y accesible al emocionante campo de la criptografía cuántica.

Los Fundamentos de la Mecánica Cuántica

Para comprender los principios y aplicaciones de la criptografía cuántica, primero debemos tener una comprensión básica de los conceptos y fenómenos subyacentes de la mecánica cuántica. Aunque un tratamiento completo de la mecánica cuántica está fuera del alcance de este capítulo, nos centraremos en algunas ideas clave que son esenciales para entender la criptografía cuántica.

1. Estados Cuánticos y Superposición

En la física clásica, un sistema solo puede estar en un estado definido a la vez, como una partícula en una posición específica o con una velocidad particular. Sin embargo, en la mecánica cuántica, un sistema puede existir simultáneamente en una superposición de múltiples estados hasta que se mide u observa.

Por ejemplo, un bit cuántico o qubit, que es la unidad básica de información cuántica, puede estar en una superposición de los estados $|0\rangle$ y $|1\rangle$ al mismo tiempo, donde $|0\rangle$ y $|1\rangle$ representan los estados binarios clásicos de 0 y 1, respectivamente. Esto a menudo se representa matemáticamente como:

$|\psi\rangle = \alpha|0\rangle + \beta|1\rangle$

donde α y β son números complejos que especifican las amplitudes de los estados $|0\rangle$ y $|1\rangle$, respectivamente, y $|\psi\rangle$ representa el estado cuántico general del qubit.

2. Medición Cuántica y Colapso

Cuando se mide o se observa un sistema cuántico, su superposición de estados colapsa a un único estado definido, con una probabilidad determinada por las amplitudes de los estados constituyentes. Esto se conoce como el problema de la medición en la mecánica cuántica, y es uno de los aspectos más desconcertantes y controvertidos de la teoría.

Por ejemplo, si medimos un qubit en el estado $|\psi\rangle = \alpha|0\rangle + \beta|1\rangle$, obtendremos el resultado $|0\rangle$ con probabilidad $|\alpha|^2$ y el resultado $|1\rangle$ con probabilidad $|\beta|^2$, donde $|\alpha|^2 + |\beta|^2 = 1$. Después de la medición, el qubit estará en el estado definido correspondiente al resultado de la medición, ya sea $|0\rangle$ o $|1\rangle$.

3. Entrelazamiento Cuántico

Otro concepto clave en la mecánica cuántica es el entrelazamiento, que se refiere al fenómeno en el que dos o más sistemas cuánticos se correlacionan de manera que sus estados no pueden describirse independientemente, incluso cuando están separados por grandes distancias.

Por ejemplo, consideremos un par de qubits en el estado entrelazado:

$|\psi\rangle = (|00\rangle + |11\rangle) / \sqrt{2}$

donde $|00\rangle$ representa ambos qubits en el estado $|0\rangle$, y $|11\rangle$ representa ambos qubits en el estado $|1\rangle$. Si medimos uno de los qubits y obtenemos el resultado $|0\rangle$, el otro qubit colapsará instantáneamente al estado $|0\rangle$ también, independientemente de lo lejos que estén los dos qubits. De manera similar, si medimos uno de los qubits y obtenemos el resultado $|1\rangle$, el otro qubit colapsará instantáneamente al estado $|1\rangle$.

Como Einstein lo llamó famosamente, esta "acción espeluznante a distancia" ha sido verificada experimentalmente y es, como veremos más adelante en este capítulo, un recurso crucial para muchos protocolos de comunicación y criptografía cuántica.

4. Teorema de No-Clonación

Un último principio de la mecánica cuántica crucial para la criptografía cuántica es el teorema de no-clonación, que establece que es imposible crear una copia idéntica de un estado cuántico arbitrario desconocido.

Esto contrasta fuertemente con la información clásica, que se puede copiar y replicar fácilmente. El teorema de no-clonación es una consecuencia directa de la linealidad de la mecánica cuántica y tiene importantes implicaciones para la seguridad de los protocolos de comunicación cuántica.

Esencialmente, el teorema de no-clonación significa que cualquier intento de un espía de interceptar y copiar un estado cuántico transmitido entre dos partes necesariamente introducirá errores y perturbaciones detectables, alertando a las partes comunicantes sobre la presencia del espía.

Con estos conceptos básicos de la mecánica cuántica en mente, ahora pasemos a los principios y protocolos de la criptografía cuántica y cómo pueden permitir la comunicación segura frente a las amenazas de la computación clásica y cuántica.

Distribución Cuántica de Claves (QKD)

En el corazón de la criptografía cuántica se encuentra la distribución cuántica de claves (QKD), un protocolo para generar y compartir de manera segura claves criptográficas entre dos partes comunicantes, Alice y Bob.

A diferencia de los esquemas clásicos de distribución de claves, que se basan en la dificultad computacional de ciertos problemas matemáticos (como la factorización de enteros o los logaritmos discretos), la QKD se basa en los principios fundamentales de la mecánica cuántica y puede proporcionar seguridad demostrable contra cualquier espía, incluso uno con poder computacional ilimitado.

La idea básica detrás de la QKD es codificar bits de clave criptográfica en los estados cuánticos de los fotones y transmitirlos a través de un canal óptico, como un cable de fibra óptica o un enlace de espacio libre. Al preparar y medir cuidadosamente estos fotones en estados cuánticos específicos, Alice y Bob pueden generar una clave aleatoria compartida mientras detectan cualquier intento de un espía (generalmente denominado Eve) de interceptar o alterar la transmisión de la clave.

Se han propuesto y demostrado varios protocolos de QKD, cada uno con sus propias ventajas y compensaciones en términos de seguridad, eficiencia y practicidad. En esta sección, nos centraremos en dos de los protocolos de QKD más conocidos y ampliamente utilizados: BB84 y Ekert.

1. El Protocolo BB84

El protocolo BB84, nombrado así en honor a sus inventores Charles Bennett y Gilles Brassard, fue el primer protocolo de QKD propuesto y demostrado experimentalmente en 1984, y sigue siendo uno de los protocolos de QKD más utilizados y estudiados hoy en día.

Los pasos básicos del protocolo BB84 son los siguientes:

1. Alice genera una secuencia aleatoria de bits y, para cada bit, elige al azar una de dos bases (ya sea la base computacional $\{|0\rangle, |1\rangle\}$ o la base de Hadamard $\{|+\rangle, |-\rangle\}$) para codificarlo. Luego prepara un fotón en el estado cuántico correspondiente y lo envía a Bob a través del canal cuántico.
2. Para cada fotón que recibe, Bob elige al azar una de las dos bases para medirlo y registra el resultado (0 o 1).
3. Después de que todos los fotones hayan sido enviados y recibidos, Alice y Bob comparan públicamente sus elecciones de bases a través de un canal clásico autenticado. Desechan cualquier bit cuyas elecciones de bases no coincidan, dejándolos con una clave compartida filtrada.
4. Para verificar la presencia de espías, Alice y Bob seleccionan aleatoriamente un subconjunto de los bits de la clave filtrada y comparan públicamente sus valores. Si la tasa de errores está por debajo de un cierto umbral, pueden estar seguros de que no

ha habido espionaje y pueden usar los bits restantes de la clave filtrada como una clave secreta para cifrar su comunicación.

La seguridad del protocolo BB84 se basa en el hecho de que cualquier intento de Eve de interceptar y medir los fotones necesariamente introducirá errores detectables en la clave debido al teorema de no-clonación y el principio de incertidumbre de la mecánica cuántica.

Específicamente, si Eve intenta medir un fotón en una base y luego reenviarlo a Bob, hay un 50% de probabilidad de que Bob elija la otra base para medirlo, lo que resulta en un resultado aleatorio y una probabilidad del 25% de error. De manera similar, si Eve intenta dividir el fotón y medirlo en ambas bases simultáneamente, el estado resultante será una mezcla de los dos estados base, introduciendo nuevamente errores.

Al analizar cuidadosamente la tasa de errores en la clave filtrada, Alice y Bob pueden acotar la cantidad de información que Eve podría haber obtenido sobre la clave y, si es necesario, realizar pasos adicionales de amplificación de privacidad para reducir el conocimiento de Eve a un nivel arbitrariamente pequeño.

2. El Protocolo Ekert

El protocolo Ekert, propuesto por Artur Ekert en 1991, es otro protocolo de QKD bien conocido que se basa en el entrelazamiento cuántico para establecer una clave segura entre Alice y Bob.

La idea básica detrás del protocolo Ekert es que Alice y Bob compartan un par de qubits entrelazados, como el estado de Bell:

$$|\psi\rangle = (|00\rangle + |11\rangle) / \sqrt{2}$$

Alice y Bob pueden entonces medir sus respectivos qubits en una de tres bases elegidas al azar (ya sea la base computacional, la base de Hadamard o una tercera base que combine las dos) y usar los resultados de las mediciones para generar una clave compartida.

La seguridad del protocolo Ekert se basa en el hecho de que cualquier intento de Eve de interceptar y medir los qubits entrelazados necesariamente perturbará las correlaciones entre los resultados de las mediciones de Alice y Bob, que pueden detectarse realizando una prueba de Bell en un subconjunto de los bits de la clave.

Específicamente, si los resultados de las mediciones de Alice y Bob violan la desigualdad de Bell (una restricción matemática sobre las correlaciones entre los resultados de las mediciones en cualquier teoría realista local), pueden estar seguros de que sus qubits estaban entrelazados y que no ha habido espionaje. Por el contrario, si se satisface la desigualdad de Bell, saben que Eve debe haber interceptado y medido algunos de los qubits y pueden abortar el protocolo.

Una ventaja del protocolo Ekert sobre el protocolo BB84 es que no requiere que Alice y Bob confíen en la fuente de los qubits entrelazados, ya que la prueba de Bell detectará cualquier desviación del entrelazamiento esperado. Esto hace que el protocolo Ekert sea más resistente a ciertos ataques, como el ataque de "división de número de fotones", donde Eve explota las imperfecciones en la fuente de fotones para obtener información sobre la clave.

Sin embargo, el protocolo Ekert también tiene algunas desventajas prácticas en comparación con el protocolo BB84, como la dificultad de generar y distribuir qubits entrelazados de alta calidad a largas distancias y la necesidad de pasos de medición y post-procesamiento más complejos.

Independientemente del protocolo específico utilizado, la ventaja clave de la QKD es que puede proporcionar seguridad demostrable contra cualquier espía, incluso uno con poder computacional ilimitado, siempre que se mantengan los principios mecánicos cuánticos subyacentes. Esto contrasta con los esquemas clásicos de distribución de claves, que se basan en suposiciones no probadas sobre la dificultad de ciertos problemas matemáticos y son vulnerables a los avances en el poder computacional y las técnicas criptanalíticas.

Por supuesto, la QKD también tiene sus desafíos y limitaciones, que discutiremos en más detalle más adelante en este capítulo. Pero primero, exploremos algunos de los otros primitivas y protocolos criptográficos cuánticos que se basan en la QKD.

Generación Cuántica de Números Aleatorios (QRNG)

Otra aplicación importante de la mecánica cuántica en la criptografía es la generación de números verdaderamente aleatorios, que son esenciales para muchas tareas criptográficas, como la generación de claves, vectores de inicialización y nonces.

A diferencia de los generadores de números pseudoaleatorios clásicos (PRNG), que utilizan algoritmos deterministas para generar secuencias de números que parecen aleatorios pero son predecibles dado el conocimiento de la semilla inicial, los generadores de números aleatorios cuánticos (QRNG) explotan la aleatoriedad inherente de los procesos mecánicos cuánticos para generar números verdaderamente impredecibles.

Existen varios enfoques para la QRNG, cada uno basado en un fenómeno mecánico cuántico diferente. Algunas de las técnicas de QRNG más comunes y estudiadas incluyen:

1. QRNG por Contaje de Fotones

Este enfoque utiliza un detector de fotones individuales para medir los tiempos de llegada de fotones individuales de una fuente de luz coherente débil, como un láser atenuado o un LED. La naturaleza impredecible y aleatoria de la emisión y detección de fotones asegura que la secuencia de bits resultante sea verdaderamente aleatoria.

Para generar un bit aleatorio, los eventos de detección de fotones se agrupan típicamente en dos intervalos de tiempo que corresponden a los valores 0 y 1. La duración y el espaciamiento de estos intervalos de tiempo pueden ajustarse para optimizar la tasa de bits y minimizar cualquier sesgo o correlación en la secuencia de salida.

2. QRNG por Fluctuación del Vacío Cuántico

Este enfoque explota las fluctuaciones aleatorias del estado del vacío cuántico, el estado de energía más bajo de un campo cuántico. Al medir las amplitudes de cuadratura del estado del vacío con un detector de homodino, se puede generar una secuencia de bits verdaderamente aleatoria.

El detector de homodino consiste en un divisor de haz que mezcla el estado del vacío con un campo de oscilador local fuerte y dos fotodetectores que miden el patrón de interferencia resultante. La diferencia entre las salidas de los dos fotodetectores es proporcional a la amplitud de cuadratura del estado del vacío, una variable continua que puede ser umbralizada para generar bits aleatorios discretos.

3. QRNG por Fluctuación de Fase Cuántica

Este enfoque utiliza las fluctuaciones de fase aleatorias de un haz de láser para generar una secuencia de bits verdaderamente aleatoria. Al dividir el haz de láser en dos caminos e introducir un cambio de fase variable en uno de los caminos, se puede medir el patrón de interferencia resultante y utilizarlo para generar bits aleatorios.

El cambio de fase se introduce típicamente mediante un modulador electro-óptico de alta velocidad impulsado por una señal eléctrica caótica o ruidosa. Las fluctuaciones de fase resultantes son detectadas por un fotodetector equilibrado, que mide la diferencia entre las intensidades de los dos haces y genera una secuencia de bits aleatorios.

4. QRNG por Entretenimiento Cuántico

Este enfoque utiliza los resultados de medición aleatorios de estados cuánticos entrelazados para generar bits verdaderamente aleatorios. Al preparar un par de qubits entrelazados, como el estado de Bell $|\psi\rangle = (|00\rangle + |11\rangle) / \sqrt{2}$, y medirlos en diferentes bases, se puede obtener una secuencia de bits aleatorios correlacionados.

La seguridad de los QRNG basados en entrelazamiento se basa en el hecho de que cualquier intento de interceptar o medir los qubits entrelazados necesariamente perturbará las correlaciones entre los resultados de las mediciones, que pueden detectarse realizando una prueba de Bell en un subconjunto de los bits.

En comparación con los PRNG clásicos, los QRNG ofrecen varias ventajas significativas para las aplicaciones criptográficas. En primer lugar, proporcionan verdadera aleatoriedad, que no se basa en ningún algoritmo determinista o suposición matemática, sino en las leyes fundamentales de la mecánica cuántica.

Esto hace que los QRNG sean inmunes a muchas vulnerabilidades y ataques que pueden comprometer la seguridad de los PRNG clásicos, como valores de semilla predecibles, manipulación de entradas y compromisos de estado. Además, los QRNG son más resistentes a los ataques de canal lateral que explotan las fugas físicas del generador, ya que los procesos mecánicos cuánticos utilizados son inherentemente tolerantes al ruido y difíciles de medir o influenciar sin detección.

Además, los QRNG pueden generar números aleatorios a velocidades muy altas, de hasta gigabits por segundo o más, dependiendo de la técnica y la implementación específicas utilizadas. Esto es importante para muchas aplicaciones criptográficas que requieren grandes cantidades de datos aleatorios, como la generación de claves y los protocolos de comunicación segura.

Sin embargo, los QRNG también tienen algunas limitaciones y desafíos que deben considerarse cuidadosamente. Un problema es la posibilidad de sesgo o correlación en la secuencia de salida, que puede surgir de imperfecciones en el proceso mecánico cuántico o el aparato de medición.

Para mitigar este riesgo, los QRNG generalmente incluyen alguna forma de post-procesamiento o extracción de aleatoriedad, utilizando técnicas como el hashing o el XOR-ing para eliminar cualquier sesgo o correlación y garantizar una distribución uniforme de bits. Sin embargo, este post-procesamiento también puede reducir la tasa efectiva de bits del QRNG y puede introducir una complejidad y vulnerabilidades adicionales.

Otro desafío es que los QRNG requieren componentes de hardware especializados y a menudo costosos, como detectores de fotones individuales, moduladores de alta velocidad y amplificadores de bajo ruido, lo que puede limitar la practicidad y escalabilidad de los QRNG para algunas aplicaciones.

A pesar de estos desafíos, los QRNG son un área activa y prometedora de investigación y desarrollo, con muchas implementaciones comerciales y de código abierto disponibles o en desarrollo. A medida que la tecnología continúe madurando y se adopte más ampliamente, es probable que los QRNG jueguen un papel cada vez más importante en garantizar la seguridad e integridad de los sistemas y aplicaciones criptográficas.

Otros Protocolos Criptográficos Cuánticos

Además de la QKD y la QRNG, se han propuesto y estudiado varios otros protocolos y primitivas criptográficas cuánticas, cada uno con sus propias características y aplicaciones únicas. En esta sección, proporcionaremos una breve descripción general de algunos de los ejemplos más notables y prometedores.

CAPÍTULO 6: TÉCNICA 5: CRIPTOGRAFÍA CUÁNTICA PARA...

1. Firmas Digitales Cuánticas

Las firmas digitales cuánticas (QDS) son un análogo cuántico de las firmas digitales clásicas, que autentican el origen y la integridad de mensajes y documentos digitales. A diferencia de las firmas digitales clásicas, que se basan en la dificultad computacional de ciertos problemas matemáticos (como el problema del logaritmo discreto), las QDS se basan en los principios de la mecánica cuántica y pueden proporcionar seguridad incondicional contra la falsificación y la repudio.

La idea básica detrás de las QDS es utilizar una función unidireccional cuántica (como una función hash cuántica) para generar una firma única para cada mensaje, que el destinatario puede verificar utilizando una clave pública derivada de la clave privada del firmante. La seguridad de las QDS se basa en el hecho de que cualquier intento de falsificar o manipular la firma necesariamente perturbará el estado cuántico del mensaje, que el destinatario puede detectar.

Un ejemplo notable de un esquema de QDS es el protocolo Gottesman-Chuang, que combina técnicas de corrección de errores cuánticos y criptografía clásica para lograr seguridad incondicional contra adversarios tanto cuánticos como clásicos. Sin embargo, las QDS todavía son un área relativamente nueva y activa de investigación, con muchas preguntas y desafíos abiertos relacionados con la eficiencia, escalabilidad y practicidad.

2. Compartición Secreta Cuántica

La compartición secreta cuántica (QSS) es un análogo cuántico de la compartición secreta clásica, que distribuye un secreto entre múltiples partes de manera que ningún subconjunto de partes puede reconstruir el secreto sin la cooperación de las demás. La QSS puede utilizarse para diversas aplicaciones, como el cómputo multipartito seguro, la gestión distribuida de claves y la criptografía umbral.

La idea básica detrás de la QSS es codificar el secreto en un estado cuántico (como un estado entrelazado multiqubit) y distribuirlo entre las partes utilizando canales de comunicación cuántica. Cada parte recibe una parte del estado cuántico, que por sí sola es inútil pero puede combinarse con las otras partes para reconstruir el secreto.

La seguridad de la QSS se basa en el hecho de que cualquier intento de interceptar o medir las partes cuánticas necesariamente perturbará el entrelazamiento e introducirá errores que las partes pueden detectar. Además, la QSS puede proporcionar seguridad incondicional contra adversarios tanto cuánticos como clásicos, siempre que se mantengan los principios mecánicos cuánticos subyacentes.

Un ejemplo notable de un esquema de QSS es el protocolo Hillery-Bužek-Berthiaume, que utiliza un estado entrelazado de tres qubits (el estado Greenberger-Horne-Zeilinger) para compartir un secreto clásico entre tres partes, con la propiedad de que cualquier dos partes pueden reconstruir el secreto, pero ninguna parte individual puede hacerlo. Sin embargo, al igual que las QDS, la QSS sigue siendo un área relativamente nueva y activa de investigación, con muchas preguntas y desafíos abiertos relacionados con la eficiencia, escalabilidad y practicidad.

3. Lanzamiento de Monedas Cuántico

El lanzamiento de monedas cuántico (QCF) es una primitiva criptográfica cuántica que permite a dos partes acordar un bit aleatorio (o "lanzamiento de moneda") sobre un canal de comunicación de manera que ninguna de las partes pueda sesgar el resultado del lanzamiento, incluso si son deshonestas o malintencionadas.

El QCF tiene muchas aplicaciones potenciales en criptografía y computación distribuida, como el diseño de protocolos seguros, la firma de contratos justos y los algoritmos aleatorizados. También puede utilizarse como un bloque de construcción para protocolos criptográficos cuánticos más complejos, como la QKD y la QSS.

La idea básica detrás del QCF es utilizar el entrelazamiento cuántico y la medición para generar un bit aleatorio que no esté correlacionado con la entrada de ninguna de las partes, pero que ambas partes puedan verificar como justo y no sesgado. Se han propuesto y estudiado varios protocolos de QCF, cada uno con diferentes compromisos de seguridad, eficiencia y practicidad.

Un ejemplo notable es el protocolo Aharonov-Ta-Shma, que combina la teleportación cuántica y la comunicación clásica para lograr una noción fuerte de seguridad llamada "sensibilidad al engaño". Esto significa que cualquier intento de una parte deshonesta de sesgar el resultado del lanzamiento será detectado con alta probabilidad por la parte honesta.

Sin embargo, se sabe que el QCF es imposible de lograr con seguridad perfecta en el caso general debido a las limitaciones fundamentales de la mecánica cuántica, como el teorema de no-clonación y el principio de incertidumbre. Por lo tanto, la mayoría de los protocolos de QCF apuntan a una noción más débil de seguridad llamada "evidente de engaño" o "detectable de engaño", que permite a una parte deshonesta sesgar el resultado del lanzamiento pero asegura que dicho engaño será detectado por la parte honesta con alta probabilidad.

A pesar de estas limitaciones, el QCF sigue siendo un área activa e importante de investigación en criptografía cuántica, con muchas aplicaciones y implicaciones potenciales para la computación y la comunicación seguras.

Desafíos y Limitaciones

Si bien la criptografía cuántica ofrece muchas posibilidades emocionantes para la comunicación y el cómputo seguros, también enfrenta varios desafíos y limitaciones significativos que deben considerarse y abordarse cuidadosamente.

En esta sección, destacaremos algunos de los principales desafíos técnicos, prácticos y teóricos en el desarrollo y despliegue de sistemas criptográficos cuánticos, y discutiremos los esfuerzos y estrategias en curso para superarlos.

1. Desafíos Técnicos

Uno de los principales desafíos técnicos en la criptografía cuántica es generar, transmitir y detectar estados cuánticos con alta fidelidad y fiabilidad, especialmente a largas distancias y en entornos ruidosos. Los estados cuánticos son inherentemente frágiles y sensibles a la decoherencia, que puede surgir de diversas fuentes, como el ruido térmico, la interferencia electromagnética y las perturbaciones físicas.

Para mitigar estos efectos, los sistemas criptográficos cuánticos generalmente requieren hardware e infraestructura especializados, como fuentes de fotones individuales, repetidores cuánticos y detectores criogénicos, que pueden ser complejos, costosos y difíciles de operar y mantener. Además, el rendimiento y la seguridad de estos sistemas pueden depender en gran medida de los detalles específicos de la implementación y las condiciones ambientales, que pueden variar ampliamente en diferentes plataformas y aplicaciones.

Otro desafío técnico es la necesidad de técnicas eficientes y robustas de corrección de errores y amplificación de privacidad, que se utilizan para mitigar los efectos del ruido y el espionaje en los canales de comunicación cuántica. Si bien existen muchas técnicas clásicas de corrección de errores y amplificación de privacidad, pueden no ser directamente aplicables u óptimas para los sistemas cuánticos debido a las propiedades y restricciones únicas de la información cuántica.

Por lo tanto, el desarrollo y la optimización de códigos y protocolos de corrección de errores y amplificación de privacidad específicos para la cuántica es un área activa e importante de investigación en criptografía cuántica, con muchas preguntas y desafíos abiertos relacionados con la eficiencia, escalabilidad y seguridad.

2. Desafíos Prácticos

Además de los desafíos técnicos, existen muchos desafíos prácticos en el despliegue y adopción de sistemas criptográficos cuánticos, particularmente en redes y aplicaciones de comunicación del mundo real.

Un desafío clave es la compatibilidad e interoperabilidad de los sistemas criptográficos cuánticos con las infraestructuras y protocolos de comunicación clásicos existentes. La comunicación cuántica generalmente requiere fibras ópticas dedicadas o enlaces de espacio libre, que pueden no estar fácilmente disponibles o ser rentables para muchas aplicaciones y entornos. Además, la integración de primitivas y protocolos criptográficos cuánticos con capas de red clásicas y marcos de seguridad puede ser compleja y propensa a errores, requiriendo un diseño y pruebas cuidadosos para garantizar la seguridad y funcionalidad de extremo a extremo.

Otro desafío práctico es la escalabilidad y la gestión de los sistemas criptográficos cuánticos, particularmente en entornos de red grandes y dinámicos. Las redes de distribución de claves cuánticas, por ejemplo, requieren protocolos complejos de gestión y distribución de claves para asegurar la asignación y uso seguro y eficiente de claves entre múltiples usuarios y nodos. De manera similar, los generadores de números aleatorios cuánticos pueden requerir recalibración y pruebas frecuentes para garantizar la calidad y uniformidad de su salida, especialmente en presencia de fluctuaciones ambientales y efectos de envejecimiento.

Finalmente, también existen desafíos económicos y sociales significativos relacionados con el costo, adopción y regulación de las tecnologías criptográficas cuánticas. Los sistemas y componentes criptográficos cuánticos son actualmente mucho más costosos y menos disponibles que sus contrapartes clásicas, lo que puede limitar su accesibilidad y practicidad para muchas aplicaciones y usuarios. Además, el desarrollo y despliegue de tecnologías criptográficas cuánticas probablemente requerirá inversiones significativas en investigación, estandarización e infraestructura, así como la participación y coordinación de múltiples partes interesadas en la industria, el gobierno y la academia.

3. Desafíos Teóricos

En un nivel más fundamental, también existen varios desafíos y limitaciones teóricos relacionados con la seguridad e interpretabilidad de los protocolos y primitivas criptográficas cuánticas, particularmente en presencia de suposiciones y modelos adversariales realistas.

Un desafío teórico clave es la dificultad de probar la seguridad incondicional de los protocolos criptográficos cuánticos en los entornos más generales y realistas, como los que involucran múltiples partes, canales ruidosos y recursos limitados. Si bien ha habido muchas pruebas de seguridad importantes y análisis de protocolos criptográficos cuánticos en entornos idealizados, como los que suponen operaciones cuánticas perfectas y recursos ilimitados, estos pueden no mantenerse en la práctica o bajo suposiciones y restricciones más realistas.

Además, incluso en entornos idealizados, la seguridad de algunos protocolos criptográficos cuánticos puede depender de suposiciones no probadas o controvertidas sobre la naturaleza de la mecánica cuántica misma, como la validez de la no-localidad cuántica o la imposibilidad de ciertos tipos de teorías de variables ocultas. Si bien estas suposiciones están bien respaldadas por evidencia empírica y argumentos teóricos, no siempre son universalmente aceptadas y pueden estar sujetas a revisión o reinterpretación a la luz de desarrollos científicos futuros.

Otro desafío teórico es la interpretabilidad y auditabilidad de las primitivas y protocolos criptográficos cuánticos, particularmente aquellos que dependen de operaciones y mediciones cuánticas complejas u opacas. A diferencia de las primitivas criptográficas clásicas, que a menudo pueden analizarse y verificarse utilizando técnicas matemáticas y computacionales bien establecidas, las primitivas criptográficas cuánticas pueden ser más difíciles de razonar y auditar debido a la aleatoriedad y la incertidumbre inherentes de la mecánica cuántica.

Esto puede hacer que sea más difícil detectar y prevenir ciertos ataques y vulnerabilidades, como aquellos que explotan fallas sutiles o canales laterales en la implementación de hardware o software cuántico. También puede hacer que sea más difícil estandarizar y certificar sistemas y componentes criptográficos cuánticos, garantizando su interoperabilidad y compatibilidad retroactiva con los marcos y protocolos de seguridad clásicos existentes.

Direcciones Futuras

A pesar de los muchos desafíos y limitaciones de la criptografía cuántica, sigue siendo un campo vibrante y prometedor con muchas direcciones de investigación y aplicaciones potenciales emocionantes.

En esta sección final, destacaremos algunas de las direcciones y oportunidades futuras clave para la criptografía cuántica y discutiremos cómo pueden ayudar a abordar algunos de los desafíos y limitaciones discutidos en la sección anterior.

1. Criptografía Post-Cuántica

Uno de los desafíos más importantes y urgentes para la criptografía clásica es la amenaza de la computación cuántica, que puede romper muchos sistemas de criptosistemas de clave pública ampliamente utilizados, como RSA y la criptografía de curva elíptica, al resolver ciertos problemas matemáticos (como la factorización de enteros y los logaritmos discretos) mucho más rápido que las computadoras clásicas.

Si bien la criptografía cuántica ofrece una alternativa teóricamente segura a estos esquemas clásicos vulnerables, también tiene sus propios desafíos y limitaciones, como hemos visto a lo largo de este capítulo. Por lo tanto, un enfoque complementario clave es el desarrollo de la criptografía post-cuántica (PQC), que se refiere a algoritmos y protocolos criptográficos clásicos que se cree que son seguros contra ataques tanto clásicos como cuánticos.

La PQC se basa en problemas matemáticos y suposiciones diferentes de la criptografía de clave pública tradicional, como la criptografía basada en redes, la criptografía basada en códigos y la criptografía multivariante, que se consideran difíciles incluso para las computadoras cuánticas. Si bien los esquemas de PQC son típicamente menos eficientes y más complejos que sus contrapartes tradicionales, ofrecen una salvaguardia importante contra el riesgo de ataques cuánticos y pueden usarse junto con la criptografía cuántica para proporcionar un enfoque de seguridad en capas y resistente.

El desarrollo y la estandarización de la PQC es un área activa e importante de investigación, con muchos esfuerzos e iniciativas en curso, como el proceso de estandarización de PQC del NIST, que tiene como objetivo seleccionar y promover un conjunto de algoritmos criptográficos de clave pública resistentes a la cuántica para una adopción y despliegue generalizados.

2. Comunicación Cuántica Basada en Satélites

Otra dirección futura importante para la criptografía cuántica es el desarrollo de redes de comunicación cuántica basadas en satélites, que pueden permitir la comunicación segura a distancias globales y en entornos desafiantes, como el espacio y ubicaciones remotas u hostiles.

La comunicación cuántica basada en satélites se basa en satélites como nodos confiables para la distribución de claves cuánticas y otros protocolos criptográficos cuánticos, lo que puede ayudar a superar algunas de las limitaciones de las redes terrestres de fibra óptica, como la atenuación y dispersión de señales ópticas a largas distancias y la necesidad de infraestructura física y acceso a derechos de paso.

En los últimos años, ha habido varias demostraciones y experimentos exitosos de comunicación cuántica basada en satélites, como el satélite Micius chino, que ha logrado la distribución intercontinental de claves cuánticas entre China y Austria, y la misión canadiense QEYSSat, que tiene como objetivo demostrar la distribución de claves cuánticas y la distribución de entrelazamiento entre estaciones terrestres y un satélite en órbita baja terrestre.

Sin embargo, la comunicación cuántica basada en satélites también conlleva muchos desafíos técnicos y prácticos, como la necesidad de sistemas de puntería y seguimiento de alta precisión, el impacto de la turbulencia atmosférica y las condiciones meteorológicas en las señales cuánticas y las capacidades limitadas de carga útil y energía de los satélites. Por lo tanto, el desarrollo y despliegue de redes de comunicación cuántica basadas en satélites fiables y escalables requerirá inversiones significativas y colaboraciones en múltiples disciplinas y sectores, como la ingeniería espacial, la óptica cuántica y la criptografía.

3. Internet Cuántica y la Información Cuántica en Red

Una visión más a largo plazo y ambiciosa para la criptografía cuántica es el desarrollo de una internet cuántica global, que permitiría la generación, distribución y procesamiento de información cuántica entre múltiples nodos y usuarios de manera segura y escalable.

Una internet cuántica no solo permitiría la comunicación segura mediante la distribución de claves cuánticas y otros protocolos criptográficos cuánticos, sino también una amplia gama de otras aplicaciones de procesamiento de información cuántica, como la computación cuántica distribuida, la detección cuántica y la simulación cuántica, que podrían tener impactos transformadores en muchos campos, desde el descubrimiento de medicamentos y la ciencia de materiales hasta las finanzas y la optimización.

Sin embargo, la realización de una internet cuántica práctica y robusta requerirá superar desafíos técnicos y teóricos significativos, como el desarrollo de repetidores cuánticos y memorias fiables y escalables, la integración de dispositivos y plataformas cuánticos heterogéneos y el diseño de protocolos y arquitecturas de red cuántica eficientes y seguros.

Existen muchos esfuerzos e iniciativas de investigación en curso que buscan abordar estos desafíos y avanzar en el desarrollo de una internet cuántica, como el Quantum Internet Blueprint del Departamento de Energía de EE.UU., la Quantum Internet Alliance europea y el Quantum Internet Task Force japonés. Estos esfuerzos involucran colaboraciones y asociaciones estrechas entre la academia, la industria y el gobierno, y abarcan múltiples disciplinas y sectores, desde la física y la informática hasta la ingeniería y la política.

Conclusión

En conclusión, la criptografía cuántica es un campo fascinante y en rápida evolución que ofrece muchas posibilidades emocionantes para la comunicación y el cómputo seguros en la era cuántica. Al aprovechar los principios fundamentales de la mecánica cuántica, como la superposición, el entrelazamiento y el teorema de no-clonación, la criptografía cuántica puede proporcionar métodos demostrablemente seguros para la distribución de claves, la generación de números aleatorios y otras primitivas criptográficas, que no son posibles con técnicas clásicas por sí solas.

Sin embargo, la criptografía cuántica también enfrenta muchos desafíos y limitaciones significativos, tanto en teoría como en la práctica, que requerirán una investigación, desarrollo y colaboración continuos para superar. Desde los desafíos técnicos de generar, transmitir y detectar estados cuánticos con alta fidelidad y fiabilidad hasta los desafíos prácticos de integrar sistemas criptográficos cuánticos con infraestructuras y protocolos de comunicación clásicos, hasta las dificultades teóricas de probar la seguridad incondicional e interpretabilidad de los protocolos y primitivas criptográficas cuánticas, hay muchas preguntas abiertas y oportunidades para una mayor investigación e innovación.

No obstante, los beneficios e impactos potenciales de la criptografía cuántica son demasiado significativos para ignorarlos, y es probable que el campo continúe creciendo y evolucionando en los próximos años y décadas. Ya sea a través del desarrollo de la criptografía postcuántica, las redes de comunicación cuántica basadas en satélites o una internet cuántica global, la criptografía cuántica jugará un papel cada vez más importante en garantizar la seguridad y privacidad de nuestras vidas y sociedades digitales frente a amenazas y vulnerabilidades cibernéticas en constante evolución.

En última instancia, el éxito de la criptografía cuántica dependerá no solo de la ingeniosidad y dedicación de los investigadores y practicantes, sino también del compromiso y apoyo de los responsables políticos, líderes de la industria y el público en general. Al trabajar juntos a través de las fronteras disciplinarias y sectoriales y abordar los desafíos y oportunidades de la era cuántica con curiosidad, creatividad y coraje, podemos ayudar a realizar el potencial completo de la criptografía cuántica para el beneficio de todos.

Capítulo 7: Técnica 6: Blockchain para la Integridad de los Datos

Introducción

En la era digital actual, los datos son uno de los activos más valiosos y críticos para las organizaciones y las personas. La integridad y seguridad de los datos son esenciales para la confianza, la responsabilidad y la toma de decisiones en prácticamente todos los dominios, desde registros financieros e historiales médicos hasta propiedad intelectual e información personal.

Sin embargo, a medida que el volumen, la variedad y la velocidad de los datos crecen exponencialmente, también lo hacen los riesgos y desafíos para garantizar su integridad y procedencia. Los sistemas tradicionales centralizados de bases de datos y almacenamiento son vulnerables a una amplia gama de amenazas, desde errores y omisiones accidentales hasta la manipulación y el fraude deliberados, lo que puede socavar la confiabilidad y la credibilidad de los datos.

En los últimos años, ha surgido una nueva tecnología que promete revolucionar la gestión y seguridad de los datos: la *blockchain*. Al proporcionar un libro mayor descentralizado, inmutable y transparente para registrar y verificar transacciones y datos, la *blockchain* puede transformar la integridad de los datos y habilitar nuevas formas de confianza y colaboración en organizaciones e industrias.

En este capítulo, exploraremos el mundo de la *blockchain* y sus aplicaciones para la integridad de los datos. Examinaremos los conceptos y principios fundamentales de la tecnología *blockchain* y cómo puede crear registros a prueba de manipulaciones y auditable de la procedencia y autenticidad de los datos.

También examinaremos algunos desafíos y consideraciones clave en la implementación de soluciones *blockchain* para la integridad de los datos, incluidos problemas de escalabilidad, privacidad e interoperabilidad. Proporcionaremos una guía paso a paso para las organizaciones que buscan integrar la blockchain en sus prácticas de gestión y seguridad de datos.

Ya sea que seas un profesional de datos que busca mejorar la integridad y seguridad de los activos de datos de tu organización o un líder empresarial que busca desbloquear nuevas oportunidades de confianza y transparencia en tu industria, este capítulo te proporcionará el conocimiento y las herramientas que necesitas para aprovechar el poder de la *blockchain* para la integridad de los datos.

Comprendiendo la Tecnología Blockchain

En su núcleo, una *blockchain* es un libro mayor descentralizado y distribuido que registra transacciones y datos en una red de computadoras sin necesidad de una autoridad central o intermediario. Cada bloque en la cadena contiene un *hash* criptográfico del bloque anterior, junto con una marca de tiempo y datos de transacciones, formando un registro inmutable y a prueba de manipulaciones de todas las transacciones en la red.

La innovación clave detrás de la *blockchain* es el uso de un mecanismo de consenso para validar y verificar transacciones y datos basado en el acuerdo de múltiples nodos en la red. Este mecanismo de consenso asegura que todos los nodos en la red tengan la misma visión del libro mayor y que cualquier intento de modificar o eliminar datos sea detectado y rechazado por la red.

Existen varios tipos de mecanismos de consenso utilizados en los sistemas *blockchain*, cada uno con sus propios *trade-offs* y características. Algunos de los mecanismos de consenso más comunes y conocidos incluyen:

1. Prueba de Trabajo (PoW)

La Prueba de Trabajo (PoW) es el mecanismo de consenso original utilizado en la *blockchain* de Bitcoin y se basa en un proceso llamado minería. En un sistema PoW, los nodos compiten para resolver problemas matemáticos complejos, validar transacciones y agregar nuevos bloques a la cadena. El primer nodo en resolver el problema puede agregar el siguiente bloque y recibe una recompensa en forma de criptomoneda.

PoW es un mecanismo de consenso altamente seguro y descentralizado, ya que se requiere una cantidad significativa de poder computacional y energía para resolver los problemas matemáticos y agregar nuevos bloques a la cadena. Sin embargo, también es altamente intensivo en energía y puede llevar a la centralización del poder de minería entre unos pocos grandes grupos de minería.

2. Prueba de Participación (PoS)

La Prueba de Participación (PoS) es un mecanismo de consenso alternativo que aborda algunas de las limitaciones de PoW al reemplazar el proceso de minería con un proceso de participación. En un sistema PoS, los nodos se eligen para validar transacciones y agregar nuevos bloques a la cadena en función de la cantidad de criptomonedas que poseen y están dispuestos a "apostar" como garantía.

PoS es más eficiente energéticamente y escalable que PoW, ya que no requiere que los nodos realicen cálculos matemáticos complejos para validar transacciones. Sin embargo, también puede llevar a la centralización del poder de participación entre unos pocos grandes participantes y puede ser más vulnerable a ciertos tipos de ataques, como los ataques de largo alcance y los ataques de nada en juego.

3. Prueba de Participación Delegada (DPoS)

La Prueba de Participación Delegada (DPoS) es una variación del mecanismo de consenso PoS que busca mejorar la escalabilidad y descentralización. En un sistema DPoS, los tenedores de tokens votan para elegir delegados o testigos responsables de validar transacciones y agregar nuevos bloques a la cadena.

DPoS está diseñado para ser más eficiente y receptivo que los sistemas PoS tradicionales, permitiendo tiempos de bloque más rápidos y un mayor rendimiento de transacciones. Sin embargo, también puede llevar a la centralización del poder entre unos pocos grandes participantes o cárteles, lo que lo hace más vulnerable a ciertos tipos de ataques, como los ataques de soborno y colusión.

4. Tolerancia a Fallos Bizantinos Práctica (PBFT)

La Tolerancia a Fallos Bizantinos Práctica (PBFT) es un mecanismo de consenso diseñado para ser resiliente contra fallos bizantinos, que son fallos o comportamientos maliciosos por parte de los nodos en la red. En un sistema PBFT, los nodos se comunican entre sí para llegar a un consenso sobre el estado del libro mayor utilizando un proceso de votación de múltiples rondas.

PBFT generalmente se considera más seguro y resiliente que otros mecanismos de consenso, ya que puede tolerar hasta un tercio de los nodos de la red siendo defectuosos o maliciosos. Sin embargo, también puede ser más complejo e intensivo en comunicación y puede no ser adecuado para aplicaciones a gran escala o de alto rendimiento.

Independientemente del mecanismo de consenso específico utilizado, los beneficios clave de la tecnología blockchain para la integridad de los datos incluyen:

- **Inmutabilidad:** Una vez que se agregan los datos a una *blockchain*, no se pueden modificar ni eliminar sin ser detectados, proporcionando un registro a prueba de manipulaciones de todos los cambios y actualizaciones.
- **Transparencia:** Todos los nodos en una red *blockchain* tienen acceso a la misma visión del libro mayor, lo que permite la transparencia y la auditabilidad de todas las transacciones y datos.
- **Descentralización:** Al distribuir el almacenamiento y la validación de datos en una red de nodos, la *blockchain* elimina la necesidad de autoridades o intermediarios centralizados, reduciendo el riesgo de puntos únicos de fallo o control.
- **Seguridad:** La *blockchain* utiliza técnicas criptográficas, como el *hashing* y las firmas digitales, para garantizar la integridad y autenticidad de los datos, lo que dificulta que los atacantes comprometan o falsifiquen los datos.

En las secciones siguientes, exploraremos cómo estos beneficios se pueden aplicar a varios casos de uso y escenarios de integridad de datos y proporcionaremos una guía para diseñar e implementar soluciones *blockchain* para la integridad de los datos en la práctica.

Blockchain para la Procedencia y Autenticidad de los Datos

Una aplicación crítica de la tecnología *blockchain* para la integridad de los datos es asegurar la procedencia y autenticidad de los datos. La procedencia se refiere al origen y la historia de los datos, incluidos quién los creó, cuándo se crearon y cómo se han modificado o utilizado a lo largo del tiempo. La autenticidad se refiere a la integridad y confiabilidad de los datos, incluyendo si son genuinos, precisos y completos.

En muchos dominios, como la gestión de la cadena de suministro, la propiedad intelectual y la creación de contenido digital, el seguimiento y la verificación de la procedencia y autenticidad de los datos son cruciales para establecer la confianza, la responsabilidad y el valor. Sin embargo, los sistemas centralizados tradicionales para gestionar la procedencia y autenticidad de los datos a menudo son vulnerables a la manipulación, la falsificación y el fraude, ya que dependen de la integridad y seguridad de una sola autoridad o repositorio.

La *blockchain* proporciona un libro mayor descentralizado e inmutable para registrar y verificar la procedencia y autenticidad de los datos sin necesidad de un intermediario de confianza. Al utilizar técnicas criptográficas, como el *hashing* y las firmas digitales, la *blockchain* puede crear un registro a prueba de manipulaciones y auditable de todas las transacciones y cambios en los datos, lo que permite a los usuarios rastrear el origen y la historia de los datos con alta confianza.

A continuación, se presentan algunos ejemplos de cómo la *blockchain* se puede utilizar para garantizar la procedencia y autenticidad de los datos en varios dominios:

1. Rastreabilidad de la Cadena de Suministro

En la gestión de la cadena de suministro, la *blockchain* se puede utilizar para crear un registro transparente e inmutable del movimiento y propiedad de bienes y materiales, desde las materias primas hasta los productos terminados. Al registrar cada transacción y transferencia de custodia en una *blockchain*, junto con datos relevantes como números de serie, números de lote y certificaciones de calidad, las empresas pueden garantizar la rastreabilidad y autenticidad de sus productos y reducir el riesgo de falsificación, desvío y adulteración.

Por ejemplo, la industria del diamante ha estado utilizando *blockchain* para crear un registro seguro y transparente del origen y propiedad de los diamantes, desde la mina hasta el consumidor. Al registrar cada transacción y certificación en una *blockchain*, junto con datos como el identificador único del diamante, el peso en quilates y las calificaciones de color y claridad, la industria puede garantizar la autenticidad y el origen ético de los diamantes y reducir el riesgo de que los diamantes de conflicto ingresen a la cadena de suministro.

2. Protección de la Propiedad Intelectual

En el dominio de la propiedad intelectual, la *blockchain* se puede utilizar para crear un registro seguro e inmutable de la creación, propiedad y licenciamiento de activos digitales, como patentes, marcas comerciales y derechos de autor. Al registrar cada transacción y afirmación de propiedad en una *blockchain*, junto con datos relevantes como el identificador único del activo, el creador y los términos de uso, los propietarios de la propiedad intelectual pueden garantizar la procedencia y autenticidad de sus activos y reducir el riesgo de infracción y piratería.

Por ejemplo, la industria musical ha estado explorando *blockchain* para crear un sistema transparente y justo para gestionar los derechos y regalías de las obras musicales. Al registrar cada transacción y acuerdo de licencia en una *blockchain*, junto con datos como el identificador único de la canción, el compositor y la división de regalías, la industria puede garantizar que los artistas y titulares de derechos sean debidamente compensados por su trabajo y reducir el riesgo de uso y distribución no autorizados.

3. Autenticación de Contenidos Digitales

En la creación y distribución de contenido digital, la *blockchain* se puede utilizar para crear un registro seguro y verificable del origen e integridad de los archivos digitales, como imágenes, videos y documentos. Al registrar cada transacción y modificación de un archivo digital en una *blockchain*, junto con datos relevantes como el identificador único del archivo, el creador y la suma de verificación, los creadores y distribuidores de contenido pueden garantizar la autenticidad y procedencia de su contenido y reducir el riesgo de manipulación y falsificación.

Por ejemplo, la industria de los medios de comunicación ha estado explorando *blockchain* para combatir la propagación de noticias falsas y desinformación. Al registrar cada artículo y video en una *blockchain*, junto con datos como el autor, la fecha de publicación y las fuentes, las organizaciones de noticias pueden crear un registro verificable y transparente de su contenido y permitir a los lectores rastrear el origen y la autenticidad de la información que consumen.

Implementando Blockchain para la Integridad de los Datos

Ahora que hemos explorado algunas de las aplicaciones y beneficios clave de la *blockchain* para la integridad de los datos, examinemos los pasos involucrados en el diseño e implementación de una solución *blockchain*.

Paso 1: Identificar el Caso de Uso y los Requisitos

El primer paso en cualquier implementación de *blockchain* es definir claramente el caso de uso y los requisitos del sistema. Esto implica comprender los desafíos y objetivos específicos de integridad de los datos de la organización o ecosistema e identificar a los principales interesados y usuarios del sistema.

Algunas preguntas clave a considerar en esta etapa incluyen:

- ¿Qué tipos de datos necesitan ser registrados y verificados en la *blockchain*, y cuáles son los atributos y metadatos clave asociados con cada tipo de dato?.
- ¿Quiénes son los principales interesados y usuarios del sistema, y cuáles son sus roles y permisos en la creación, modificación y acceso a los datos en la *blockchain*?.
- ¿Cuáles son los requisitos de rendimiento y escalabilidad del sistema en términos de rendimiento de transacciones, latencia y capacidad de almacenamiento?.
- ¿Cuáles son los requisitos de seguridad y privacidad del sistema en términos de confidencialidad, integridad y disponibilidad de los datos?.

- ¿Cuáles son los requisitos de cumplimiento y regulación del sistema en términos de protección, retención y auditoría de datos?.

Responder a estas preguntas ayudará a guiar el diseño y la arquitectura de la solución blockchain y garantizará que cumpla con las necesidades y restricciones específicas del caso de uso.

Paso 2: Elegir la Plataforma y Arquitectura *Blockchain*

Una vez definidos el caso de uso y los requisitos, el siguiente paso es elegir la plataforma y arquitectura *blockchain* apropiada para el sistema. Existen muchas plataformas y marcos de *blockchain* disponibles, cada uno con sus propias fortalezas y limitaciones dependiendo del caso de uso y los requisitos específicos.

Algunos de los factores clave a considerar al elegir una plataforma *blockchain* incluyen:

- **Mecanismo de consenso:** Como se discutió anteriormente, diferentes plataformas *blockchain* utilizan diferentes mecanismos de consenso, como PoW, PoS, DPoS y PBFT, que tienen diferentes *trade-offs* en términos de seguridad, escalabilidad y descentralización.
- **Capacidades de contratos inteligentes:** Algunas plataformas *blockchain*, como Ethereum e Hyperledger Fabric, admiten contratos inteligentes, que son programas autoejecutables que pueden automatizar el cumplimiento de reglas y acuerdos en la *blockchain*.
- **Privacidad y confidencialidad:** Dependiendo del caso de uso y los requisitos reglamentarios, la plataforma *blockchain* puede necesitar admitir funciones de preservación de la privacidad,

como pruebas de conocimiento cero, cifrado homomórfico y computación segura multiparte.
- **Interoperabilidad e integración:** La plataforma *blockchain* debe poder integrarse con sistemas y fuentes de datos existentes y admitir la interoperabilidad con otras redes y ecosistemas *blockchain*.
- **Comunidad y ecosistema:** La plataforma *blockchain* debe tener una comunidad sólida y activa de desarrolladores, usuarios y socios que puedan proporcionar soporte, herramientas y servicios para implementar y operar el sistema.

En función de estos factores y los requisitos específicos del caso de uso, las organizaciones pueden elegir entre una gama de plataformas *blockchain*, como Bitcoin, Ethereum, Hyperledger Fabric, Corda y Quorum, entre otras.

Además de elegir la plataforma *blockchain*, las organizaciones también deben diseñar la arquitectura y topología general de la red *blockchain*, incluyendo el número y tipos de nodos, el mecanismo de consenso y los modelos de datos y transacciones. Esto puede implicar consideraciones como:

- **Permisionada vs. sin permiso:** ¿Debe la red *blockchain* estar abierta y accesible para cualquiera (sin permiso) o restringida a un conjunto de participantes autorizados (permisionada)?.
- **Pública vs. privada:** ¿Debe la red *blockchain* ser públicamente visible y auditable (pública) o mantenerse confidencial y privada dentro de la organización o ecosistema (privada)?.
- **On-chain vs. off-chain:** ¿Deben todos los datos y transacciones ser registrados y almacenados en la *blockchain* (*on-chain*), o deben algunos datos y lógica mantenerse fuera de la cadena y anclarse a

la *blockchain* utilizando técnicas criptográficas (*off-chain*)?.

Paso 3: Diseñar los Modelos de Datos y Transacciones

Con la plataforma y arquitectura *blockchain* en su lugar, el siguiente paso es diseñar los modelos de datos y transacciones del sistema. Esto implica definir la estructura y el formato de los datos que se registrarán en la *blockchain* y las reglas y lógica para validar y procesar transacciones.

Algunas consideraciones clave para diseñar los modelos de datos y transacciones incluyen:

- **Estructura y esquema de datos:** El modelo de datos debe definir la estructura y el esquema de los datos que se registrarán en la *blockchain*, incluidos los atributos clave, las relaciones y las restricciones. Esto puede implicar el uso de formatos y ontologías de datos estandarizados, como JSON, XML o RDF, para garantizar la interoperabilidad y consistencia en la red.
- **Tipos y flujos de transacciones:** El modelo de transacciones debe definir los tipos y flujos de transacciones que el sistema admitirá, incluidos los insumos, salidas y condiciones para cada tipo de transacción. Esto puede implicar el uso de contratos inteligentes u otra lógica programable para automatizar el cumplimiento de reglas y acuerdos en la *blockchain*.
- **Técnicas criptográficas:** Los modelos de datos y transacciones deben aprovechar técnicas criptográficas, como el *hashing*, las firmas digitales y el cifrado, para garantizar la integridad, autenticidad y confidencialidad de los datos en la *blockchain*. Esto puede implicar el uso de algoritmos y protocolos criptográficos estandarizados, como SHA-256, ECDSA y AES, para garantizar la

seguridad e interoperabilidad del sistema.

- **Control de acceso y permisos:** Los modelos de datos y transacciones deben definir las políticas de control de acceso y permisos del sistema, incluidos quién puede crear, leer, actualizar y eliminar datos en la *blockchain* y bajo qué condiciones. Esto puede implicar el uso de modelos de control de acceso basado en roles (RBAC) o control de acceso basado en atributos (ABAC) para gestionar los permisos de usuarios y aplicaciones.

Paso 4: Implementar y Probar el Sistema

Con los modelos de datos y transacciones definidos, el siguiente paso es implementar y probar el sistema *blockchain*. Esto implica desarrollar y desplegar los contratos inteligentes, API e interfaces de usuario necesarios para admitir la creación, validación y consulta de datos en la *blockchain*.

Algunas tareas y consideraciones esenciales para implementar y probar el sistema incluyen:

- **Desarrollo de contratos inteligentes:** Esto implica desarrollar y probar los contratos inteligentes que harán cumplir las reglas y la lógica de los modelos de datos y transacciones en la *blockchain*. Dependiendo de la plataforma *blockchain* elegida, esto puede implicar el uso de lenguajes de programación y marcos como Solidity, Chaincode o DAML.
- **Desarrollo de API e integración:** Esto implica desarrollar y probar las API y puntos de integración que permitirán a los sistemas y aplicaciones externos interactuar con la *blockchain*, como enviar transacciones, consultar datos y recibir eventos y notificaciones.

- **Desarrollo de interfaces de usuario:** Esto implica desarrollar y probar las interfaces de usuario que permitirán a los usuarios finales interactuar con el sistema *blockchain*, como crear y gestionar identidades, enviar y aprobar transacciones, y ver y analizar datos en la *blockchain*.
- **Pruebas y validación:** Realizar pruebas y validaciones exhaustivas del sistema *blockchain*, incluidas pruebas funcionales, pruebas de rendimiento, pruebas de seguridad y pruebas de aceptación de usuarios. Esto puede implicar el uso de marcos y herramientas de prueba como Truffle, Ganache y Caliper, así como revisiones de código y auditorías para garantizar la calidad y seguridad del sistema.

Paso 5: Desplegar y Operar el Sistema

Una vez que el sistema *blockchain* se ha implementado y probado, el paso final es desplegar y operar el sistema en producción. Esto implica configurar y configurar la infraestructura y los entornos necesarios para admitir la red *blockchain* y establecer los procesos operativos y de gobernanza para gestionar y mantener el sistema a lo largo del tiempo.

Algunas tareas y consideraciones esenciales para desplegar y operar el sistema incluyen:

- **Configuración de la infraestructura:** Configurar y configurar la infraestructura de hardware, software y red necesaria, como servidores, almacenamiento y conectividad, para admitir los nodos y clientes *blockchain*. Dependiendo de los requisitos de escalabilidad, disponibilidad y seguridad del sistema, esto puede implicar el uso de infraestructura basada en la nube o en las

instalaciones.
- **Gobernanza y consenso:** Establecer los procesos de gobernanza y consenso para la red *blockchain*, incluidas las reglas y procedimientos para agregar y eliminar nodos, actualizar el protocolo y los contratos inteligentes, y resolver disputas y conflictos. Esto puede implicar el uso de marcos y herramientas de gobernanza formales, como el modelo de Organización Autónoma Descentralizada (DAO) o el Marco de Gobernanza de Hyperledger, para garantizar la transparencia, responsabilidad y resiliencia de la red.
- **Monitoreo y alerta:** Implementar procesos y herramientas para monitorear y alertar sobre la salud, rendimiento y seguridad del sistema *blockchain*, incluidos el seguimiento de métricas y eventos clave, la detección de anomalías e incidentes, y la generación de alertas y notificaciones para los interesados pertinentes.
- **Mantenimiento y actualizaciones:** Establecer procesos y procedimientos para el mantenimiento y las actualizaciones del sistema *blockchain* a lo largo del tiempo, como aplicar parches de seguridad y actualizaciones, escalar la infraestructura y la capacidad, y migrar a nuevas versiones y características de la plataforma *blockchain* y los contratos inteligentes.
- **Soporte y formación:** Proporcionar soporte y formación continuos a los usuarios y participantes del sistema *blockchain*, como soporte técnico y documentación, capacitación y educación de usuarios, y participación y retroalimentación de la comunidad.

Al seguir estos pasos y mejores prácticas, las organizaciones pueden diseñar, implementar y operar una solución *blockchain* robusta y efectiva para la integridad de los datos que cumpla con las necesidades y requisitos específicos de su caso de uso y ecosistema.

Desafíos y Consideraciones

Si bien la tecnología *blockchain* ofrece muchos beneficios y oportunidades potenciales para la integridad de los datos, también presenta varios desafíos y consideraciones que las organizaciones deben tener en cuenta y abordar. Algunos de los desafíos y consideraciones clave incluyen:

1. Escalabilidad y Rendimiento

Uno de los principales desafíos de la tecnología *blockchain* es la escalabilidad y el rendimiento, especialmente para casos de uso a gran escala y de alto rendimiento. Debido a la naturaleza descentralizada y basada en consenso de la *blockchain*, el rendimiento y la latencia de las transacciones del sistema pueden estar limitados por el ancho de banda de la red, la capacidad de procesamiento y la capacidad de almacenamiento.

Esto puede llevar a tiempos de confirmación de transacciones lentos, altas tarifas de transacción y una capacidad limitada de almacenamiento y consulta de datos. Para abordar estos desafíos, las organizaciones pueden necesitar explorar técnicas como *sharding*, *sidechains* y cómputo fuera de la cadena (*off-chain*), así como optimizar el diseño y la configuración de la red *blockchain* y los contratos inteligentes.

2. Privacidad y Confidencialidad

Otro desafío de la tecnología *blockchain* es la privacidad y la confidencialidad, especialmente para casos de uso que involucran datos sensibles o personales. Debido a la naturaleza transparente e inmutable de la *blockchain*, todas las transacciones y datos registrados en la cadena son públicamente visibles y accesibles para todos los participantes de la red.

Esto puede generar preocupaciones sobre la protección de datos, la privacidad y el cumplimiento de regulaciones como GDPR y HIPAA. Para abordar estos desafíos, las organizaciones pueden necesitar explorar técnicas como pruebas de conocimiento cero, cifrado homomórfico y computación segura multiparte, así como implementar políticas de control de acceso y gobernanza de datos para garantizar la confidencialidad y privacidad de los datos sensibles en la *blockchain*.

3. Interoperabilidad e Integración

Un tercer desafío de la tecnología *blockchain* es la interoperabilidad e integración, especialmente para casos de uso que involucran múltiples redes y ecosistemas *blockchain*. Debido a la falta de estandarización y compatibilidad entre diferentes plataformas y protocolos *blockchain*, puede ser difícil intercambiar datos y activos entre diferentes redes *blockchain* e integrar sistemas basados en *blockchain* con sistemas y aplicaciones empresariales existentes.

Para abordar estos desafíos, las organizaciones pueden necesitar explorar técnicas como protocolos de comunicación entre cadenas (*cross-chain*), intercambios descentralizados y middleware y API agnósticos de *blockchain*. También pueden necesitar participar en esfuerzos y consorcios de estandarización en toda la industria para promover la interoperabilidad y la colaboración entre ecosistemas *blockchain*.

4. Gobernanza y Regulación

Un cuarto desafío de la tecnología *blockchain* es la gobernanza y regulación, especialmente para casos de uso que involucran múltiples partes interesadas y jurisdicciones. Debido a la naturaleza descentralizada y distribuida de la *blockchain*, puede haber ambigüedad e incertidumbre en torno al estado legal y regulatorio de los sistemas y aplicaciones basados en *blockchain*, así como los derechos y obligaciones de los diferentes participantes en la red.

Para abordar estos desafíos, las organizaciones pueden necesitar involucrarse con reguladores y legisladores para aclarar el marco legal y regulatorio para la tecnología *blockchain*, así como establecer modelos de gobernanza y mecanismos de resolución de disputas para garantizar la responsabilidad y legitimidad de la red *blockchain* y sus participantes.

5. Experiencia de Usuario y Adopción

Finalmente, un quinto desafío de la tecnología *blockchain* es la experiencia de usuario y adopción, especialmente para casos de uso que involucran usuarios y partes interesadas no técnicas. Debido a la complejidad y novedad de la tecnología *blockchain*, puede ser difícil para los usuarios comprender e interactuar con sistemas y aplicaciones basados en *blockchain*, confiar en ellos y adoptarlos para sus necesidades y contextos específicos.

Para abordar estos desafíos, las organizaciones pueden necesitar invertir en interfaces y experiencias de usuario amigables, así como en programas de educación y capacitación para ayudar a los usuarios a comprender y aprovechar los beneficios de la tecnología *blockchain*. También pueden necesitar construir confianza y credibilidad con los usuarios y partes interesadas al demostrar la seguridad, confiabilidad y valor del sistema *blockchain* a través de pilotos, estudios de caso y auditorías y certificaciones de terceros.

Al comprender y abordar estos desafíos y consideraciones, las organizaciones pueden desbloquear el potencial completo de la tecnología *blockchain* para la integridad de los datos y crear sistemas y ecosistemas más seguros, transparentes y confiables para gestionar y compartir datos en diferentes dominios y casos de uso.

Conclusión

En este capítulo, hemos explorado el fascinante y rápidamente evolutivo mundo de la tecnología *blockchain* y su potencial para transformar la integridad de los datos en varias industrias y dominios. Hemos examinado los conceptos y principios fundamentales de la *blockchain*, incluida su arquitectura descentralizada, mecanismos de consenso y técnicas criptográficas, y cómo permiten nuevas formas de confianza, transparencia e inmutabilidad para la gestión y el intercambio de datos.

También hemos analizado algunos de los casos de uso y aplicaciones clave de la *blockchain* para la integridad de los datos, como la rastreabilidad de la cadena de suministro, la protección de la propiedad intelectual y la autenticación de contenidos digitales, y cómo pueden ayudar a las organizaciones e individuos a garantizar la procedencia, autenticidad y seguridad de sus activos y transacciones de datos.

A través de una guía detallada paso a paso, hemos proporcionado un marco y mejores prácticas para las organizaciones que buscan diseñar, implementar y operar una solución *blockchain* para la integridad de los datos, cubriendo aspectos como la definición del caso de uso, la selección de la plataforma, el modelado de datos, el desarrollo de contratos inteligentes, las pruebas, el despliegue y la gobernanza.

Finalmente, hemos discutido algunos de los desafíos y consideraciones clave que las organizaciones deben tener en cuenta y abordar al adoptar la tecnología *blockchain* para la integridad de los datos, como la escalabilidad, la privacidad, la interoperabilidad, la regulación y la adopción de usuarios, y cómo las organizaciones pueden navegar estos desafíos a través de estrategias y enfoques a nivel técnico, organizacional y de ecosistema.

Como hemos visto a lo largo de este capítulo, la tecnología *blockchain* es una herramienta poderosa y transformadora para la integridad de los datos y puede ayudar a las organizaciones e individuos a construir sistemas y relaciones más seguros, transparentes y confiables en un mundo cada vez más digital y basado en datos.

Sin embargo, para realizar el potencial completo de la *blockchain* para la integridad de los datos, se requerirá una investigación, experimentación y colaboración continuas entre diferentes partes interesadas y dominios, desde tecnólogos y desarrolladores hasta líderes empresariales y legisladores. También requerirá una disposición para desafiar las suposiciones y paradigmas existentes en torno a la gestión y gobernanza de datos, y para adoptar nuevos modelos y enfoques que prioricen la descentralización, la transparencia y el empoderamiento del usuario.

En última instancia, el éxito de la *blockchain* en la integridad de los datos dependerá no solo de la tecnología, sino también de las personas, procesos y ecosistemas que la rodean y la respaldan. Al trabajar juntos para abordar los desafíos y oportunidades de la *blockchain* a nivel técnico, organizacional y societal, podemos desbloquear nuevas formas de valor, innovación y confianza en los datos y crear un futuro digital más seguro, transparente y equitativo para todos.

Capítulo 8: Técnica 7: Simulación Adversaria (Red Teaming)

Introducción

En el panorama en constante evolución de la ciberseguridad, las organizaciones enfrentan una cantidad cada vez mayor de amenazas y vulnerabilidades que pueden comprometer la confidencialidad, integridad y disponibilidad de sus activos y sistemas críticos. Desde amenazas

CAPÍTULO 8: TÉCNICA 7: SIMULACIÓN ADVERSARIA (RED TEAMING)

persistentes avanzadas (APT) y *exploits* de día cero hasta amenazas internas y ataques de ingeniería social, el panorama de amenazas cibernéticas modernas es más complejo y dinámico que nunca.

Para adelantarse a estas amenazas y garantizar la resiliencia y efectividad de sus defensas de ciberseguridad, muchas organizaciones están adoptando un enfoque robusto y proactivo conocido como simulación adversaria o *red teaming*. La simulación adversaria implica emular las tácticas, técnicas y procedimientos (TTP) de los adversarios cibernéticos del mundo real para identificar y explotar debilidades en las personas, procesos y tecnologías de una organización, proporcionando valiosos conocimientos y recomendaciones para mejorar su postura de seguridad general.

Este capítulo explorará la simulación adversaria y el *red teaming*, desglosando los conceptos fundamentales, metodologías y herramientas que sustentan esta práctica crítica de ciberseguridad. Examinaremos los principales beneficios y desafíos de llevar a cabo simulaciones adversarias y proporcionaremos una guía integral para planificar, ejecutar y aprender de las operaciones de *red teaming* de manera estructurada y sistemática.

Ya sea que seas un profesional de ciberseguridad con experiencia buscando mejorar tus habilidades y conocimientos en seguridad ofensiva, o un líder empresarial buscando comprender el valor y el impacto del *red teaming* para tu organización, este capítulo te proporcionará las ideas y la orientación que necesitas para aprovechar efectivamente esta poderosa técnica en tu estrategia y operaciones de ciberseguridad.

Así que comencemos nuestro viaje en el fascinante y a menudo mal entendido mundo de la simulación adversaria y descubramos cómo esta práctica esencial de ciberseguridad puede ayudar a las organizaciones a identificar y mitigar sus vulnerabilidades y riesgos más críticos y construir una postura de seguridad más resiliente y adaptativa frente a las amenazas cibernéticas en constante evolución.

Comprender la Simulación Adversaria

En esencia, la simulación adversaria es un enfoque proactivo y sistemático para evaluar y mejorar las defensas de ciberseguridad de una organización al emular la mentalidad, métodos y acciones de los adversarios del mundo real. A diferencia de las técnicas tradicionales de prueba y evaluación de seguridad, que a menudo se centran en vulnerabilidades o controles específicos de forma aislada, la simulación adversaria adopta una perspectiva holística y adversaria de toda la postura de seguridad de una organización, desde sus personas y procesos hasta sus tecnologías e infraestructuras.

El premisa fundamental detrás de la simulación adversaria es que al pensar y actuar como un atacante del mundo real, las organizaciones pueden obtener una comprensión más profunda y realista de sus riesgos y brechas de seguridad, e identificar oportunidades de mejora que los enfoques más pasivos o impulsados por el cumplimiento pueden pasar por alto. Al someter sus defensas a los mismos tipos de ataques y técnicas que podrían usar los adversarios reales, las organizaciones pueden poner a prueba sus capacidades de detección y respuesta a incidentes, validar la efectividad de sus controles y contramedidas de seguridad, y en última instancia, construir una postura de seguridad más resiliente y adaptativa.

CAPÍTULO 8: TÉCNICA 7: SIMULACIÓN ADVERSARIA (RED TEAMING)

La simulación adversaria generalmente involucra a un equipo dedicado de profesionales de ciberseguridad con habilidades y experiencia, conocido como equipo rojo, encargado de planificar y ejecutar un ataque simulado contra los activos y sistemas de una organización en función de un conjunto específico de objetivos, restricciones y reglas de compromiso. El equipo rojo opera de manera independiente de las operaciones y defensas de seguridad normales de la organización, y se le otorga un alto grado de libertad y creatividad para perseguir sus objetivos utilizando los medios y métodos que consideren apropiados dentro del alcance y los parámetros acordados de la simulación.

El objetivo del equipo rojo no es necesariamente "ganar" o comprometer los sistemas y datos objetivo, sino proporcionar valiosos conocimientos y comentarios a la organización sobre las fortalezas y debilidades de sus defensas de ciberseguridad, y ayudar a priorizar e informar sus esfuerzos continuos de mejora de seguridad. Para lograr este objetivo, el equipo rojo generalmente trabaja en estrecha colaboración con el equipo azul, que representa al equipo de seguridad interno de la organización y es responsable de detectar, responder y mitigar los ataques simulados en tiempo real.

Al participar en este tipo de ejercicio en vivo, las organizaciones pueden obtener una comprensión más realista y completa de sus riesgos y capacidades de ciberseguridad, e identificar áreas de mejora en sus personas, procesos y tecnologías. La simulación adversaria puede ayudar a las organizaciones a responder preguntas críticas como:

- ¿Qué tan efectivos son nuestros controles y contramedidas de seguridad actuales contra amenazas y técnicas de ataque del mundo real?.
- ¿Qué tan rápido y preciso podemos detectar y responder a un

ataque dirigido, y qué tan bien se sostienen nuestros planes y procedimientos de respuesta a incidentes bajo presión?.
- ¿Cuáles son nuestras vulnerabilidades y brechas más críticas, tanto técnicas como humanas, y cómo podemos priorizarlas y abordarlas de manera más efectiva?.
- ¿Cómo podemos mejorar nuestra conciencia de seguridad, capacitación y cultura para preparar mejor a nuestros empleados y partes interesadas para los tipos de amenazas de ingeniería social e internas que pueden enfrentar?
- ¿Cómo podemos aprovechar los conocimientos y lecciones aprendidas de las simulaciones adversarias para mejorar continuamente y adaptar nuestra estrategia y operaciones de ciberseguridad con el tiempo?.

Al responder a estas y otras preguntas críticas, la simulación adversaria puede ayudar a las organizaciones a ir más allá de un enfoque reactivo e impulsado por el cumplimiento de la ciberseguridad y adoptar una mentalidad más proactiva, basada en riesgos y centrada en la resiliencia, mejor adaptada a los desafíos y oportunidades de la era digital.

Por supuesto, la simulación adversaria no es una bala de plata. Para ser verdaderamente efectiva, debe ser cuidadosamente planificada, ejecutada e integrada con la estrategia y el marco de gobernanza de ciberseguridad más amplio de una organización. En las siguientes secciones, exploraremos las consideraciones clave y las mejores prácticas para diseñar e implementar un programa de simulación adversaria exitoso, y discutiremos algunos desafíos comunes y trampas que se deben evitar.

CAPÍTULO 8: TÉCNICA 7: SIMULACIÓN ADVERSARIA (RED TEAMING)

Planificación y Ejecución de una Operación de Equipo Rojo

Llevar a cabo una simulación adversaria o una operación de equipo rojo exitosa requiere una planificación, coordinación y ejecución cuidadosas, así como una comprensión profunda del contexto empresarial, tecnológico y de seguridad de la organización objetivo. Esta sección proporcionará una guía paso a paso para planificar y ejecutar una operación de equipo rojo, cubriendo aspectos clave como el alcance, el establecimiento de objetivos, las reglas de compromiso, la composición del equipo, las herramientas y técnicas, y la elaboración de informes y seguimiento.

Paso 1: Definir el Alcance y los Objetivos

El primer y más crítico paso en la planificación de una operación de equipo rojo es definir claramente el alcance y los objetivos de la simulación en colaboración con las partes interesadas clave de toda la organización, incluidos la alta dirección, el riesgo y el cumplimiento, las operaciones de TI y seguridad, y los líderes de las unidades de negocio.

El alcance de la simulación debe definir los activos, sistemas y datos específicos que están dentro del alcance de las actividades del equipo rojo, así como cualquier restricción o limitación sobre los tipos de ataques y técnicas que se pueden utilizar. Esto puede incluir factores como el alcance geográfico y organizacional de la simulación, los tipos de sistemas y redes que se pueden atacar (por ejemplo, producción vs. test/dev), y cualquier consideración legal, regulatoria o ética que pueda aplicarse.

Los objetivos de la simulación deben estar alineados con la estrategia general de ciberseguridad y las prioridades de gestión de riesgos de la organización y deben ser específicos, medibles, alcanzables, relevantes y con límite de tiempo (SMART). Algunos objetivos comunes para las operaciones de equipo rojo pueden incluir:

- Identificar y explotar vulnerabilidades y brechas críticas en los controles y contramedidas de seguridad de la organización.
- Probar la efectividad y eficiencia de las capacidades de detección y respuesta a incidentes de la organización.
- Evaluar la conciencia de seguridad y la resiliencia de los empleados y partes interesadas de la organización frente a amenazas de ingeniería social y amenazas internas.
- Validar el cumplimiento de la organización con las normas, regulaciones y mejores prácticas de seguridad relevantes.
- Proporcionar conocimientos y recomendaciones accionables para mejorar la postura de seguridad general y los procesos de gestión de riesgos de la organización.

Paso 2: Establecer las Reglas de Compromiso

Una vez definidos el alcance y los objetivos de la simulación, el siguiente paso es establecer reglas de compromiso (ROE) claras entre el equipo rojo y la organización para garantizar que la simulación se realice de manera segura, legal y ética, y que se minimicen los posibles riesgos o impactos en las operaciones y la reputación de la organización.

Las ROE deben documentarse en un acuerdo o contrato formal e incluir aspectos clave como:

- Las actividades y técnicas específicas que el equipo rojo está autorizado a realizar y aquellas que están explícitamente prohibidas (por ejemplo, ataques de denegación de servicio, exfiltración de datos, acceso físico).
- Los protocolos y procedimientos para la comunicación y coordinación entre el equipo rojo y la organización, incluidos los requisitos para la notificación o aprobación antes de realizar ciertas actividades.
- Las medidas y salvaguardas que el equipo rojo implementará para proteger los datos, sistemas y personal de la organización, y minimizar cualquier interrupción o daño a las operaciones dela organización.
- Los procedimientos para manejar cualquier incidente o escalación que pueda surgir durante la simulación, incluidas las funciones y responsabilidades de las diferentes partes interesadas y los criterios para abortar o suspender la simulación si es necesario.
- Los requisitos para documentar e informar los hallazgos y recomendaciones de la simulación, incluidos el formato, contenido y distribución del informe final.

Paso 3: Formar el Equipo Rojo

Con el alcance, los objetivos y las ROE en su lugar, el siguiente paso es formar el equipo rojo encargado de planificar y ejecutar la simulación. La composición y las habilidades del equipo rojo deben seleccionarse cuidadosamente en función de los requisitos y objetivos específicos de la simulación y el contexto del negocio y la tecnología de la organización objetivo.

Un equipo rojo típico puede incluir una combinación de los siguientes roles y habilidades:

- **Líder del equipo rojo:** Responsable de la planificación, coordinación y ejecución general de la simulación, la comunicación con las partes interesadas clave y la gestión de las actividades y entregables del equipo rojo.
- **Hackers éticos:** Expertos en diversas técnicas y herramientas de seguridad ofensiva, incluidos pruebas de penetración de redes y aplicaciones web, ingeniería social y evaluación de seguridad física.
- **Expertos en la materia:** Conocedores de tecnologías, plataformas o dominios específicos relevantes para la organización objetivo, como la nube, móvil, IoT o ICS/SCADA.
- **Analistas de inteligencia de amenazas:** Experimentados en la investigación y el análisis de actores, tácticas y tendencias de amenazas cibernéticas, así como en proporcionar inteligencia estratégica y táctica para informar la planificación y ejecución del equipo rojo.
- **Especialistas en respuesta a incidentes:** Especialistas en la detección, investigación y respuesta a incidentes y anomalías de seguridad, y en proporcionar conocimientos y recomendaciones para mejorar las capacidades de respuesta a incidentes de la organización.

Dependiendo del tamaño y la complejidad de la simulación, el equipo rojo también puede incluir roles adicionales, como gerentes de proyectos, redactores técnicos y especialistas en aseguramiento de calidad, para garantizar una entrega fluida y efectiva.

Paso 4: Desarrollar el Plan de Ataque

CAPÍTULO 8: TÉCNICA 7: SIMULACIÓN ADVERSARIA (RED TEAMING)

Con el equipo rojo formado, el siguiente paso es desarrollar un plan de ataque detallado que describa las tácticas, técnicas y procedimientos (TTP) específicos que el equipo utilizará para lograr sus objetivos en función del alcance y las ROE acordados.

El plan de ataque debe basarse en un reconocimiento y análisis exhaustivos de los activos, sistemas y defensas de la organización objetivo, utilizando inteligencia de código abierto (OSINT), escaneo de redes y vulnerabilidades, y otras técnicas de recopilación de información. El equipo rojo también debe aprovechar la inteligencia de amenazas y los marcos de ataque relevantes, como la matriz ATT&CK de MITRE, para mapear sus TTP planificados a los comportamientos y estrategias de adversarios del mundo real.

Algunos elementos comunes de un plan de ataque pueden incluir:

- Acceso inicial y establecimiento de presencia, como *phishing*, ataques de agua envenenada o compromiso de la cadena de suministro.
- Movimiento lateral y escalada de privilegios, como explotar vulnerabilidades, robar credenciales o abusar de configuraciones erróneas.
- Descubrimiento y exfiltración de datos, como buscar datos sensibles, almacenar y comprimir datos, y exfiltrar datos a través de canales encubiertos.
- Persistencia y comando y control, como instalar puertas traseras, crear cuentas falsas o aprovechar herramientas de acceso remoto legítimas.
- Impacto y disrupción, como cifrar o destruir datos, interrumpir operaciones comerciales o realizar campañas de desinformación.

El plan de ataque también debe incluir planes de contingencia y estrategias de salida para diversos escenarios, como la detección por parte del equipo azul, fallas técnicas u obstáculos, o cambios inesperados en el entorno o las defensas de la organización.

Paso 5: Ejecutar la Simulación

Con el plan de ataque en su lugar, el equipo rojo está listo para ejecutar la simulación en función del cronograma y los hitos acordados. Dependiendo del alcance y los objetivos de la simulación, la fase de ejecución generalmente implica actividades tanto remotas como in situ, y puede extenderse durante varios días o semanas.

Durante la fase de ejecución, el equipo rojo debe documentar y rastrear cuidadosamente sus actividades y hallazgos utilizando herramientas y plataformas seguras y auditables, como un sistema centralizado de colaboración e informes. También deben mantener una comunicación regular con el equipo azul y otras partes interesadas, según los protocolos y procedimientos acordados, para asegurarse de que la simulación se mantenga dentro del alcance y las ROE definidas, y para abordar cualquier problema o preocupación que pueda surgir.

Algunas consideraciones clave y mejores prácticas para ejecutar una operación de equipo rojo incluyen:

- Utilizar una variedad de tácticas y técnicas, tanto automatizadas como manuales, para simular un adversario realista y persistente, y para probar las defensas de la organización en múltiples capas y vectores.
- Adaptar y pivotar el plan de ataque en función de la retroalimentación y las respuestas en tiempo real del equipo azul y el

entorno de la organización, imitando la adaptabilidad y creatividad de los atacantes del mundo real.
- Mantener una clara separación entre las actividades del equipo rojo y el equipo azul para garantizar la integridad y objetividad de la simulación, y evitar cualquier conflicto de intereses o sesgo.
- Asegurarse de que todas las actividades del equipo rojo estén debidamente autorizadas, documentadas y aseguradas para prevenir daños accidentales o intencionales o la divulgación de datos o sistemas sensibles.
- Monitorear y evaluar continuamente el impacto y el riesgo de las actividades del equipo rojo, y estar preparados para suspender o abortar la simulación si es necesario, según los criterios y procedimientos de escalamiento predefinidos.

Paso 6: Analizar y Reportar los Resultados

Una vez completada la fase de ejecución, el equipo rojo debe llevar a cabo un análisis y revisión exhaustivos de sus hallazgos y observaciones, y preparar un informe completo que documente los resultados de la simulación y proporcione recomendaciones accionables para mejorar la postura de seguridad y resiliencia de la organización.

El informe debe cubrir aspectos clave como:

- Resumen ejecutivo y hallazgos de alto nivel, incluida la evaluación general de la postura de seguridad de la organización, las vulnerabilidades y brechas más críticas identificadas, y las principales conclusiones y recomendaciones para la alta dirección.
- Hallazgos técnicos y observaciones detalladas, incluidas las TTP específicas utilizadas por el equipo rojo, los sistemas y datos

comprometidos, las acciones de detección y respuesta tomadas por el equipo azul, y las causas raíz y factores contribuyentes para cada hallazgo.
- Recomendaciones priorizadas y hoja de ruta, incluidas recomendaciones tácticas a corto plazo para abordar riesgos y brechas inmediatas, y recomendaciones estratégicas a largo plazo para mejorar los procesos, tecnologías y cultura de seguridad de la organización.
- Lecciones aprendidas y mejores prácticas, incluidas ideas y observaciones sobre lo que funcionó bien y lo que se podría mejorar en términos de planificación, ejecución y comunicación del equipo rojo, y las capacidades de detección, respuesta y resiliencia del equipo azul.

El informe debe estar adaptado a las necesidades y preferencias de los diferentes grupos de partes interesadas, como la alta dirección, las operaciones de TI y seguridad, el riesgo y el cumplimiento, y los líderes de las unidades de negocio, y debe presentarse y discutirse de manera colaborativa y constructiva para asegurar la alineación y compromiso con los próximos pasos y prioridades.

Paso 7: Implementar y Mejorar Continuamente

El paso final y más crucial en una operación de equipo rojo es utilizar los conocimientos y recomendaciones de la simulación para impulsar la mejora continua y la transformación de la postura de seguridad y resiliencia de la organización. Esto requiere un enfoque sistemático y disciplinado para implementar las recomendaciones priorizadas, medir la efectividad e impacto de los cambios, y adaptar e iterar el proceso en función de nuevas amenazas, riesgos y retroalimentación de la organización.

Algunas consideraciones clave y mejores prácticas para implementar y mejorar continuamente en base a los hallazgos del equipo rojo incluyen:

- Asignar una clara propiedad y responsabilidad para cada recomendación, y establecer objetivos y plazos realistas y medibles para su implementación, basados en los recursos, prioridades y limitaciones de la organización.
- Integrar los hallazgos y recomendaciones del equipo rojo en los procesos y marcos existentes de gestión de riesgos, operaciones de seguridad y respuesta a incidentes de la organización, para asegurar la alineación y consistencia.
- Establecer mecanismos regulares de seguimiento e informes para rastrear el progreso y la efectividad de los esfuerzos de implementación, y para identificar cualquier riesgo o brecha nueva o emergente que pueda requerir pruebas o evaluaciones adicionales del equipo rojo.
- Fomentar una cultura de aprendizaje y mejora continua compartiendo las lecciones aprendidas y mejores prácticas de la operación del equipo rojo con la organización en general, y alentando la comunicación y colaboración abierta y transparente entre el equipo rojo, el equipo azul y otras partes interesadas.
- Considerar el establecimiento de una capacidad de equipo rojo permanente o recurrente dentro de la organización, para proporcionar pruebas y evaluaciones proactivas y continuas de la postura de seguridad y resiliencia de la organización, y ayudar a impulsar la innovación y transformación frente a amenazas y riesgos en constante evolución.

Siguiendo estos pasos y mejores prácticas, las organizaciones pueden aprovechar efectivamente el poder de la simulación adversaria y el *red teaming* para identificar y mitigar sus vulnerabilidades y riesgos más críticos, y construir una postura de seguridad más resiliente y adaptativa que pueda soportar los desafíos y oportunidades de la era digital.

Aprendiendo de Ejemplos Reales de Red Teaming

Para ilustrar el valor y el impacto de la simulación adversaria y el red teaming en la práctica, examinemos algunos ejemplos reales de cómo las organizaciones han utilizado esta técnica para identificar y mitigar vulnerabilidades y riesgos críticos, y mejorar su postura de seguridad general y resiliencia.

Ejemplo 1: Operación Aurora

En 2009, Google y varias otras compañías tecnológicas de alto perfil fueron atacadas por una sofisticada campaña de espionaje cibernético conocida como Operación Aurora. La campaña explotó una vulnerabilidad de día cero en Internet Explorer para acceder a las redes de las empresas y robar propiedad intelectual y datos de usuarios.

En respuesta al ataque, Google reunió un equipo rojo de expertos en seguridad de toda la compañía y les encargó realizar una simulación adversaria integral de sus redes y sistemas para identificar y mitigar vulnerabilidades y riesgos similares.

CAPÍTULO 8: TÉCNICA 7: SIMULACIÓN ADVERSARIA (RED TEAMING)

El equipo rojo utilizó una combinación de reconocimiento externo, ingeniería social y técnicas de explotación técnica para simular las tácticas y procedimientos de los atacantes de Aurora, e identificó varias brechas y debilidades críticas en los controles y capacidades de respuesta a incidentes de seguridad de Google.

Basándose en los hallazgos del equipo rojo, Google implementó una serie de cambios y mejoras significativas en su postura de seguridad, incluyendo:

- El despliegue de un nuevo conjunto de herramientas y capacidades avanzadas de detección y respuesta en los *endpoints* (EDR) para proporcionar visibilidad y control en tiempo real sobre todos los dispositivos y actividades en las redes de la compañía.
- El fortalecimiento de sus mecanismos de control de acceso y autenticación, incluyendo la autenticación de dos factores y las políticas de acceso basadas en riesgos, para prevenir el acceso no autorizado y el movimiento lateral.
- La mejora de sus capacidades de respuesta a incidentes y búsqueda de amenazas, incluyendo la creación de un equipo dedicado de inteligencia y respuesta a incidentes de seguridad (SIRT) para detectar e investigar proactivamente amenazas y anomalías potenciales.
- La mejora de los programas de concienciación y capacitación en seguridad para empleados y contratistas, para prepararlos mejor frente a ataques de ingeniería social y *phishing*, y fomentar una cultura de responsabilidad y vigilancia en seguridad.

Al aprovechar los conocimientos y lecciones aprendidas de la operación del equipo rojo, Google pudo mejorar significativamente su postura de seguridad y resiliencia frente a futuros ataques, y establecerse como un líder e innovador en ciberseguridad.

Ejemplo 2: Operaciones de Equipo Rojo del Departamento de Defensa de EE. UU.

El Departamento de Defensa de EE. UU. (DoD) ha sido durante mucho tiempo un pionero y líder en el uso de la simulación adversaria y el *red teaming* para probar y mejorar la seguridad y resiliencia de sus redes, sistemas y personal. El DoD opera varias unidades dedicadas de equipos rojos, como el Equipo Rojo del Ejército y el Equipo Rojo de la Armada, que realizan simulaciones y evaluaciones regulares y específicas de los activos y misiones del DoD en los dominios físico y cibernético.

Un ejemplo notable de una operación de equipo rojo del DoD fue la Operación *Eligible Receiver* de la Armada, que se llevó a cabo en 1997 para evaluar la vulnerabilidad de las redes y sistemas de la Armada frente a ataques cibernéticos. El equipo rojo, compuesto por expertos de la Agencia de Seguridad Nacional (NSA) y otras agencias del DoD, pudo penetrar y comprometer varias redes y sistemas críticos de la Armada utilizando una combinación de herramientas y técnicas disponibles públicamente.

Los resultados de la operación fueron una llamada de atención para la Armada y el DoD en general, y llevaron a cambios e inversiones significativas en la postura y capacidades de ciberseguridad del DoD, incluyendo:

- La creación del Grupo de Trabajo Conjunto de Defensa de Redes Informáticas (JTF-CND) para coordinar y ejecutar las actividades

de defensa cibernética y respuesta a incidentes del DoD.
- El desarrollo y despliegue del primer sistema integral de detección y prevención de intrusiones en redes (IDPS) del DoD, conocido como el Sistema Conjunto de Detección de Intrusiones (JIDS).
- El establecimiento del Centro de Crimen Cibernético del DoD (DC3), que proporciona servicios de forense digital, inteligencia de amenazas cibernéticas y capacitación y educación al DoD y otras agencias federales.
- El lanzamiento del Comando Cibernético del DoD (CYBERCOM), responsable de planificar y ejecutar las operaciones cibernéticas ofensivas y defensivas del DoD, y de apoyar las necesidades de misión cibernética del ejército y la comunidad de inteligencia de EE. UU.

Al institucionalizar y evolucionar continuamente sus capacidades y operaciones de equipo rojo, el DoD ha podido mantenerse a la vanguardia en la identificación y mitigación de amenazas y riesgos cibernéticos emergentes, y mantener su ventaja en el dominio cada vez más disputado y complejo del ciberespacio.

Ejemplo 3: Operaciones de Equipo Rojo en el Sector Financiero

El sector financiero es otro dominio donde la simulación adversaria y el *red teaming* han sido ampliamente adoptados y utilizados para probar y mejorar la seguridad y resiliencia de activos y sistemas críticos, como redes de pago, plataformas de negociación y repositorios de datos de clientes.

Un ejemplo de una operación de equipo rojo en el sector financiero fue el ejercicio de equipo rojo de SWIFT, llevado a cabo en 2017 por la Sociedad para las Telecomunicaciones Financieras Interbancarias Mundiales (SWIFT), un proveedor global de servicios de mensajería financiera segura. El ejercicio involucró una serie de ataques cibernéticos simulados en las redes y sistemas de SWIFT y en los de varios de sus bancos miembros e instituciones financieras.

El equipo rojo, compuesto por expertos de SWIFT y varias firmas líderes de ciberseguridad, utilizó una variedad de tácticas y técnicas para simular ataques realistas y dirigidos en el sector financiero, incluyendo:

- Ataques de *spear-phishing* y agua envenenada para comprometer cuentas de usuarios y obtener acceso inicial a las redes y sistemas objetivo.
- Explotación de vulnerabilidades y configuraciones erróneas en los sistemas y aplicaciones objetivo, como el software de acceso de SWIFT Alliance y los sistemas de procesamiento de pagos de los bancos.
- Movimiento lateral y escalada de privilegios dentro de las redes comprometidas para obtener acceso a activos y datos críticos, como información de cuentas de clientes y registros de transacciones.
- Exfiltración de datos y lavado de dinero a través de una red de cuentas falsas y mulas de dinero para simular los objetivos y motivaciones financieras de los atacantes del mundo real.

Los resultados del ejercicio de equipo rojo de SWIFT proporcionaron valiosos conocimientos y recomendaciones para mejorar la seguridad y resiliencia del sistema financiero global, incluyendo:

- La necesidad de controles y estándares de seguridad más fuertes y

CAPÍTULO 8: TÉCNICA 7: SIMULACIÓN ADVERSARIA (RED TEAMING)

consistentes en toda la red de SWIFT y sus instituciones miembros, como autenticación multifactorial, segmentación de red y cifrado de datos.
- La importancia de pruebas y evaluaciones de seguridad regulares y completas, incluyendo la simulación adversaria y el *red teaming*, para identificar y mitigar de manera proactiva y continua las amenazas y riesgos emergentes.
- El valor de la colaboración y el intercambio de información entre instituciones financieras, reguladores y expertos en ciberseguridad para permitir una respuesta más coordinada y efectiva a incidentes y ataques cibernéticos.
- El papel crítico de los factores humanos y la concienciación en la ciberseguridad, incluyendo la necesidad de capacitación y educación regular y específica para empleados y clientes para ayudarles a reconocer y reportar posibles riesgos y anomalías de seguridad.

Al adoptar la simulación adversaria y el *red teaming* como componentes fundamentales de su estrategia y operaciones de ciberseguridad, el sector financiero ha podido mejorar significativamente su postura de seguridad y resiliencia frente a la creciente y evolucionada amenaza de los ataques cibernéticos, y mantener la confianza y la confianza de sus clientes y partes interesadas en la era digital.

Estos ejemplos del mundo real demuestran el poder y el potencial de la simulación adversaria y el *red teaming* para identificar y mitigar vulnerabilidades y riesgos críticos en diversos dominios y contextos, desde la tecnología y la defensa hasta las finanzas y más allá. Al proporcionar una evaluación proactiva y realista de la postura y capacidades de seguridad de una organización, el *red teaming* puede ayudar a impulsar la mejora continua y la innovación frente a amenazas y desafíos cibernéticos en constante evolución.

Conclusión

En este capítulo, hemos explorado el concepto y la práctica de la simulación adversaria y el *red teaming* como una técnica poderosa y proactiva para evaluar y mejorar la postura de ciberseguridad y la resiliencia de una organización. Hemos examinado los principales beneficios y desafíos de llevar a cabo operaciones de equipo rojo y proporcionado una guía integral para planificar, ejecutar y aprender de estas simulaciones de manera estructurada y sistemática.

Hemos visto cómo el *red teaming* puede ayudar a las organizaciones a identificar y mitigar sus vulnerabilidades y riesgos más críticos al emular las tácticas, técnicas y procedimientos de los adversarios cibernéticos del mundo real, y proporcionar valiosos conocimientos y recomendaciones para mejorar la efectividad y eficiencia de sus controles de seguridad y capacidades de respuesta a incidentes.

También hemos analizado varios ejemplos del mundo real de cómo las organizaciones en diferentes dominios y sectores han utilizado el *red teaming* para impulsar cambios y mejoras significativas en sus estrategias y operaciones de ciberseguridad, desde Google y el Departamento de Defensa de EE. UU. hasta el sistema financiero global.

Como hemos discutido a lo largo de este capítulo, la clave del éxito con la simulación adversaria y el *red teaming* radica en adoptar un enfoque proactivo, basado en riesgos y continuo para las pruebas y evaluaciones

CAPÍTULO 8: TÉCNICA 7: SIMULACIÓN ADVERSARIA (RED TEAMING)

de seguridad, y en fomentar una cultura de colaboración, aprendizaje y mejora.

Al adoptar el *red teaming* como un componente fundamental de su estrategia y operaciones de ciberseguridad, las organizaciones pueden obtener una comprensión más profunda y realista de su postura de seguridad y riesgos reales, y desarrollar las habilidades, capacidades y resiliencia necesarias para defenderse contra la amenaza en constante evolución de los ataques cibernéticos en la era digital.

Por supuesto, el *red teaming* no es una bala de plata y debe ser cuidadosamente planificado, ejecutado e integrado con los marcos más amplios de ciberseguridad y gestión de riesgos de una organización para ser verdaderamente efectivo. También requiere una inversión significativa de tiempo, recursos y experiencia, y puede no ser adecuado o factible para todas las organizaciones o contextos.

Sin embargo, para las organizaciones que están dispuestas y pueden comprometerse con la simulación adversaria y el *red teaming*, los beneficios pueden ser significativos y de gran alcance. Al proporcionar una evaluación proactiva y realista de la postura y capacidades de seguridad de una organización, el *red teaming* puede ayudar a impulsar la mejora continua y la innovación frente a amenazas y desafíos cibernéticos en constante evolución, y en última instancia, ayudar a construir un futuro digital más seguro y resiliente para todos.

Así que, ya seas un profesional de ciberseguridad con experiencia buscando mejorar tus habilidades y conocimientos en seguridad ofensiva, o un líder empresarial buscando comprender el valor y el impacto del *red teaming* para tu organización, te animamos a explorar el potencial de esta poderosa y transformadora técnica, y considerar cómo puede ayudarte a mantenerte a la vanguardia en el panorama de ciberseguridad en constante evolución.

Capítulo 9: Técnica 8: Orquestación, Automatización y Respuesta de Seguridad (SOAR)

Introducción

En el panorama de ciberseguridad en constante evolución de hoy, las organizaciones enfrentan un volumen y una complejidad sin precedentes de amenazas y ataques, desde *ransomware* y *phishing* hasta amenazas internas y vulnerabilidades en la cadena de suministro. Al mismo tiempo, están luchando con una creciente escasez de profesionales capacitados en ciberseguridad y la creciente complejidad y fragmentación de sus herramientas y procesos de seguridad.

Para abordar estos desafíos y mantenerse al día con el panorama de amenazas en constante cambio, muchas organizaciones están adoptando un nuevo enfoque para las operaciones de ciberseguridad conocido como Orquestación, Automatización y Respuesta de Seguridad (SOAR). SOAR es una tecnología y una metodología que permite a las organizaciones agilizar y automatizar sus procesos de seguridad, desde la detección e investigación de amenazas hasta la respuesta y recuperación de incidentes, utilizando una plataforma centralizada e integrando herramientas y flujos de trabajo.

SOAR puede ayudar a las organizaciones a mejorar la eficiencia y efectividad de sus operaciones de seguridad al reducir el tiempo y esfuerzo necesarios para detectar, investigar y responder a incidentes de seguridad, al tiempo que mejora la precisión y consistencia de sus decisiones y acciones de seguridad. Al automatizar tareas repetitivas y de bajo nivel y orquestar el flujo de datos y acciones a través de múltiples herramientas y sistemas de seguridad, SOAR puede liberar a los equipos de seguridad para que se enfoquen en actividades más estratégicas y de alto valor, como la caza de amenazas, la evaluación de riesgos y la prevención de incidentes.

Este capítulo explorará los componentes clave, beneficios y desafíos de SOAR y proporcionará una guía paso a paso para implementar e integrar SOAR en sus operaciones de ciberseguridad. Examinaremos los tipos de plataformas y herramientas SOAR disponibles y discutiremos cómo pueden apoyar una amplia gama de casos de uso y escenarios de seguridad, desde la respuesta a incidentes y la inteligencia de amenazas hasta la gestión de vulnerabilidades y el cumplimiento.

Ya sea que usted sea un analista de un centro de operaciones de seguridad (SOC) que busca mejorar la eficiencia y efectividad de su equipo, un arquitecto de seguridad que busca modernizar e integrar su infraestructura de seguridad, o un líder empresarial que busca optimizar sus inversiones y resultados en ciberseguridad, este capítulo le proporcionará los conocimientos e ideas que necesita para aprovechar el poder de SOAR y llevar sus operaciones de ciberseguridad al siguiente nivel.

Comprendiendo SOAR

En su núcleo, SOAR es una tecnología y una metodología que permite a las organizaciones automatizar y orquestar sus procesos de operaciones de seguridad utilizando una plataforma centralizada y herramientas y flujos de trabajo integrados. SOAR puede considerarse un "multiplicador de fuerza" para los equipos de ciberseguridad, permitiéndoles hacer más con menos al automatizar tareas repetitivas y de bajo nivel y orquestar el flujo de datos y acciones a través de múltiples herramientas y sistemas de seguridad.

SOAR generalmente consta de tres componentes principales:

1. Orquestación: Se refiere a la coordinación y automatización del flujo de datos y acciones a través de múltiples herramientas y sistemas de seguridad utilizando una plataforma centralizada y un conjunto de flujos de trabajo y manuales predefinidos. La orquestación permite a los equipos de seguridad agilizar y estandarizar sus procesos, reducir errores e inconsistencias manuales y mejorar la toma de decisiones, la velocidad de respuesta y la precisión.

2. Automatización: Automatización de tareas y procesos de seguridad específicos utilizando aprendizaje automático, inteligencia artificial y otras tecnologías avanzadas. La automatización puede ayudar a los equipos de seguridad a reducir el tiempo y esfuerzo necesarios para realizar tareas repetitivas y de bajo nivel, como la recopilación, normalización y enriquecimiento de datos, así como tareas más complejas, como el análisis de amenazas, la clasificación de incidentes y la respuesta.

3. Respuesta: Se refiere a la capacidad de responder rápida y eficazmente a incidentes y amenazas de seguridad utilizando una combinación de procesos automatizados y manuales y un conjunto de manuales y procedimientos predefinidos. La respuesta puede incluir una amplia gama de actividades, desde la contención y erradicación de la amenaza hasta la recuperación y restauración de sistemas y datos afectados y el análisis y reporte posterior al incidente.

Las plataformas SOAR generalmente se integran con una amplia gama de herramientas y tecnologías de seguridad, como sistemas de gestión de información y eventos de seguridad (SIEM), herramientas de detección y respuesta en endpoints (EDR), plataformas de inteligencia de amenazas (TIP) y herramientas de orquestación y respuesta automatizada de seguridad (SOAR). Al integrar estas herramientas y tecnologías en una sola plataforma unificada, SOAR puede proporcionar a los equipos de seguridad una visión holística y contextual de su postura de seguridad, permitiéndoles responder a amenazas e incidentes de manera más rápida y efectiva.

Algunos de los beneficios clave de SOAR incluyen:

- **Mayor eficiencia y productividad:** Al automatizar tareas repetitivas y de bajo nivel y orquestar el flujo de datos y acciones a través de múltiples herramientas y sistemas de seguridad, SOAR puede ayudar a los equipos de seguridad a ahorrar tiempo y esfuerzo y a centrarse en actividades más estratégicas y de alto valor.
- **Mejora de la precisión y consistencia:** SOAR puede ayudar a reducir errores e inconsistencias manuales al estandarizar y automatizar procesos y flujos de trabajo de seguridad, y garantizar que las decisiones y acciones de seguridad se basen en datos y criterios consistentes y confiables.
- **Respuesta y resolución de incidentes más rápidas:** Al permitir que los equipos de seguridad detecten, investiguen y respondan a incidentes de manera más rápida y efectiva, SOAR puede ayudar a reducir el impacto y la duración de las brechas y ataques de seguridad y minimizar el riesgo de pérdida de datos, tiempo de inactividad del sistema y daño a la reputación.
- **Mayor visibilidad y contexto:** Al integrar y correlacionar datos de múltiples herramientas y fuentes de seguridad, SOAR puede proporcionar a los equipos de seguridad una visión más completa y contextual de su postura de seguridad y ayudarles a tomar decisiones y acciones más informadas y efectivas.
- **Mejora del cumplimiento y la gobernanza:** SOAR puede ayudar a las organizaciones a demostrar cumplimiento con estándares regulatorios e industriales y a mejorar su gobernanza y gestión de riesgos de seguridad en general al automatizar y documentar procesos y flujos de trabajo de seguridad.

A pesar de estos beneficios, SOAR también presenta algunos desafíos y consideraciones para las organizaciones, tales como:

- **Complejidad e integración:** Implementar e integrar SOAR puede ser complejo y llevar mucho tiempo, requiriendo una planificación, prueba y personalización significativas para garantizar que la plataforma y los flujos de trabajo estén alineados con las necesidades y herramientas de seguridad específicas de la organización.
- **Habilidades y experiencia:** Desarrollar y mantener manuales y flujos de trabajo de SOAR requiere habilidades y experiencia especializadas en operaciones de seguridad, automatización y orquestación, que pueden ser escasas o requerir capacitación y desarrollo adicionales para los equipos de seguridad existentes.
- **Falsos positivos y negativos:** Al igual que cualquier sistema automatizado, SOAR puede generar falsos positivos y negativos, lo que puede llevar a alertas, investigaciones y acciones innecesarias o pasar por alto amenazas e incidentes reales. Equilibrar la sensibilidad y especificidad de los flujos de trabajo y reglas de SOAR es un desafío continuo para los equipos de seguridad.
- **Costo y retorno de inversión (ROI):** Implementar y mantener SOAR puede ser costoso, requiriendo inversiones significativas en tecnología, personal y procesos. Medir y demostrar el retorno de inversión (ROI) de SOAR puede ser un desafío, particularmente para organizaciones más pequeñas o con recursos limitados.

A pesar de estos desafíos, los beneficios de SOAR son cada vez más convincentes para organizaciones de todos los tamaños e industrias, ya que el volumen y la complejidad de las amenazas e incidentes de seguridad continúan creciendo. En las siguientes secciones, exploraremos los diferentes tipos y componentes de SOAR con más detalle y proporcionaremos una guía sobre cómo planificar, implementar e integrar SOAR en sus operaciones de ciberseguridad.

Componentes de SOAR

Como se discutió en la sección anterior, SOAR es una tecnología y metodología que permite a las organizaciones automatizar y orquestar sus procesos de operaciones de seguridad utilizando una plataforma centralizada y herramientas y flujos de trabajo integrados. En esta sección, examinaremos los componentes y capacidades clave de SOAR y cómo funcionan juntos para respaldar el ciclo de vida completo de las operaciones de seguridad.

1. Plataforma de Orquestación y Automatización

En el corazón de SOAR se encuentra la plataforma de orquestación y automatización, que es el centro centralizado para integrar, gestionar y ejecutar las diversas herramientas, flujos de trabajo y manuales de seguridad. La plataforma generalmente incluye un conjunto de conectores e integraciones preconstruidos para herramientas y tecnologías de seguridad populares, como SIEM, EDR, TIP y sistemas de *ticketing*, así como API y SDK para integraciones y extensiones personalizadas.

La plataforma también incluye un diseñador y editor de flujos de trabajo visual, que permite a los equipos de seguridad crear, modificar y probar sus flujos de trabajo y manuales utilizando una interfaz de arrastrar y soltar y un conjunto de bloques de construcción y plantillas predefinidos. Los flujos de trabajo pueden ser activados por eventos o condiciones específicas, como una nueva alerta o incidente, e incluir pasos automatizados y manuales como el enriquecimiento de datos, el análisis de amenazas, la contención y la remediación.

Algunas de las capacidades y características clave de la plataforma de orquestación y automatización incluyen:

- **Gestión de flujos de trabajo y manuales:** La capacidad de crear, modificar y controlar versiones de flujos de trabajo y manuales utilizando un diseñador visual y un conjunto de plantillas y bloques de construcción predefinidos.
- **Integración y gestión de datos:** La capacidad de integrarse con una amplia gama de herramientas y tecnologías de seguridad y recopilar, normalizar y enriquecer datos de múltiples fuentes utilizando un conjunto de conectores y API preconstruidos.
- **Gestión de casos e incidentes:** La capacidad de crear, asignar y rastrear casos e incidentes utilizando un flujo de trabajo personalizable y un conjunto de campos y estados predefinidos.
- **Colaboración y comunicación:** La capacidad de colaborar y comunicarse con miembros del equipo y partes interesadas utilizando funciones integradas de chat, mensajería y notificación, así como la integración con herramientas de colaboración externas, como Slack o Microsoft Teams.
- **Informes y análisis:** La capacidad de generar informes y paneles de control sobre métricas y tendencias clave de seguridad, como el volumen de incidentes, el tiempo promedio de detección (MTTD), el tiempo promedio de respuesta (MTTR) y las tasas de falsos positivos, así como realizar consultas y análisis ad hoc sobre los datos subyacentes.

2. Plataforma de Inteligencia de Amenazas

Otro componente clave de SOAR es la plataforma de inteligencia de amenazas (TIP), que permite a los equipos de seguridad recopilar, analizar y compartir datos de amenazas e indicadores de compromiso (IOC) de múltiples fuentes internas y externas, como fuentes de amenazas, análisis de malware y respuesta a incidentes. La TIP generalmente incluye un conjunto de integraciones y conectores preconstruidos para fuentes y formatos de inteligencia de amenazas populares, como STIX, TAXII y OpenIOC, así como API y SDK para integraciones y extensiones personalizadas.

La TIP también incluye un conjunto de herramientas y funciones para analizar y enriquecer datos de amenazas, tales como:

- **Gestión de indicadores:** La capacidad de recopilar, normalizar y desduplicar indicadores de compromiso (IOC), como direcciones IP, nombres de dominio y hashes de archivos, de múltiples fuentes y formatos.
- **Análisis de amenazas:** La capacidad de analizar y correlacionar datos de amenazas e IOC, utilizando técnicas como aprendizaje automático, análisis de gráficos y procesamiento de lenguaje natural, para identificar patrones, tendencias y relaciones entre amenazas e indicadores.
- **Caza de amenazas:** La capacidad de buscar proactivamente e investigar posibles amenazas e IOC utilizando técnicas automatizadas y manuales, como simulación de amenazas, minería de datos y análisis de comportamiento.
- **Compartición de amenazas:** La capacidad de compartir y colaborar en datos de amenazas e IOC, tanto internamente como externamente, utilizando formatos y protocolos estándar, como STIX, TAXII y OpenIOC, así como la integración con plataformas y comunidades de inteligencia de amenazas externas.

Al integrar la TIP con la plataforma de orquestación y automatización, los equipos de seguridad pueden enriquecer y contextualizar sus alertas e incidentes de seguridad con inteligencia de amenazas relevante y activar flujos de trabajo y manuales automatizados basados en indicadores y patrones de amenazas específicos.

3. Plataforma de Respuesta a Incidentes de Seguridad

El tercer componente clave de SOAR es la plataforma de respuesta a incidentes de seguridad (SIRP), que permite a los equipos de seguridad gestionar y coordinar sus procesos y actividades de respuesta a incidentes, desde la detección y clasificación hasta la contención y remediación. La SIRP generalmente incluye un conjunto de flujos de trabajo y manuales preconstruidos para tipos y escenarios de incidentes comunes, como infecciones de malware, brechas de datos y amenazas internas, así como plantillas y bloques de construcción personalizables para crear nuevos flujos de trabajo y manuales.

La SIRP también incluye un conjunto de herramientas y funciones para gestionar y rastrear el ciclo de vida de la respuesta a incidentes, tales como:

- **Clasificación y priorización de incidentes:** La capacidad de clasificar y priorizar automáticamente los incidentes según criterios y reglas predefinidos, como gravedad, urgencia e impacto, y asignar incidentes a los miembros del equipo y partes interesadas apropiados.
- **Investigación y forense de incidentes:** La capacidad de recopilar, analizar y preservar evidencia y artefactos relacionados con el incidente utilizando técnicas como la captura de imágenes de disco, el análisis de memoria y la captura de paquetes de red, así como la

integración con herramientas y plataformas forenses.
- **Contención y erradicación:** La capacidad de contener y erradicar la amenaza o vulnerabilidad asociada con el incidente utilizando técnicas como la segmentación de la red, la aislamiento del *endpoint*, la eliminación de *malware* y la integración con controles y herramientas de seguridad.
- **Recuperación y lecciones aprendidas:** La capacidad de recuperar y restaurar sistemas y datos afectados utilizando técnicas como la copia de seguridad y recuperación ante desastres, así como realizar revisiones posteriores al incidente y capturar lecciones aprendidas y recomendaciones de mejora.

Al integrar la SIRP con la plataforma de orquestación y automatización y la plataforma de inteligencia de amenazas, los equipos de seguridad pueden agilizar y automatizar sus procesos de respuesta a incidentes, desde la detección y clasificación hasta la contención y remediación, y garantizar que utilicen la inteligencia de amenazas y las mejores prácticas más relevantes y actualizadas.

4. Plataforma de Automatización y Remediación de Seguridad

El cuarto componente clave de SOAR es la plataforma de automatización y remediación de seguridad (SARP), que permite a los equipos de seguridad automatizar y orquestar la remediación y mitigación de vulnerabilidades y configuraciones incorrectas de seguridad en toda su infraestructura de TI y aplicaciones. La SARP generalmente incluye un conjunto de integraciones y conectores preconstruidos para herramientas populares de gestión de vulnerabilidades y configuración, como Qualys, Tenable y Puppet, así como API y SDK para integraciones y extensiones personalizadas.

La SARP también incluye un conjunto de herramientas y funciones para automatizar y orquestar los procesos de remediación y mitigación, tales como:

- **Escaneo y evaluación de vulnerabilidades:** La capacidad de escanear y evaluar automáticamente la infraestructura de TI y aplicaciones en busca de vulnerabilidades y configuraciones incorrectas de seguridad utilizando técnicas como el escaneo de red, la prueba de aplicaciones y la prueba de penetración, así como la integración con herramientas y plataformas de gestión de vulnerabilidades.
- **Flujos de trabajo de remediación y mitigación:** La capacidad de crear y ejecutar flujos de trabajo y manuales automatizados para remediar y mitigar vulnerabilidades y configuraciones incorrectas específicas basadas en políticas y estándares predefinidos y plantillas y bloques de construcción personalizables.
- **Gestión y despliegue de parches:** La capacidad de automatizar el despliegue y verificación de parches y actualizaciones de seguridad en toda la infraestructura de TI y aplicaciones utilizando técnicas como el escaneo de parches, la programación de despliegues, la prueba de validación y la integración con herramientas y plataformas de gestión de parches.
- **Informes de cumplimiento y auditoría:** La capacidad de generar informes de cumplimiento y auditoría sobre el estado y la efectividad de los procesos de remediación y mitigación de vulnerabilidades utilizando plantillas y formatos predefinidos y consultas y paneles de control personalizables.

Al integrar la SARP con la plataforma de orquestación y automatización, la plataforma de inteligencia de amenazas y la plataforma de respuesta a incidentes de seguridad, los equipos de seguridad pueden garantizar que sus procesos de gestión de vulnerabilidades y remediación estén alineados con sus estrategias generales de operaciones de seguridad y respuesta a incidentes y que estén utilizando la inteligencia de amenazas y las mejores prácticas más relevantes y actualizadas.

Beneficios y Desafíos de SOAR

Ahora que hemos explorado los componentes y capacidades clave de SOAR, echemos un vistazo más de cerca a algunos de los principales beneficios y desafíos de implementar e integrar SOAR en las operaciones de ciberseguridad.

Beneficios de SOAR:

1. Mejora de la eficiencia y productividad: Uno de los principales beneficios de SOAR es su capacidad para automatizar y orquestar tareas manuales y repetitivas, como la recopilación, normalización y enriquecimiento de datos, la clasificación de incidentes, la investigación y la respuesta. Al automatizar estas tareas, los equipos de seguridad pueden reducir el tiempo y el esfuerzo necesarios para detectar, investigar y responder a incidentes de seguridad y liberar sus recursos para centrarse en actividades más estratégicas y proactivas, como la caza de amenazas, la evaluación de riesgos y la ingeniería de seguridad.

2. Respuesta y resolución de incidentes más rápidas: Otro beneficio clave de SOAR es la capacidad de acelerar y agilizar el proceso de respuesta a incidentes, desde la detección y clasificación hasta la contención y remediación. Al integrar y orquestar múltiples herramientas y plataformas de seguridad, como SIEM, EDR y TIP, SOAR puede proporcionar a los equipos de seguridad una visión más completa y contextual del incidente y permitirles identificar y contener rápidamente la amenaza, minimizar el impacto y alcance del incidente y restaurar los sistemas y datos afectados.

3. Mejora de la precisión y consistencia: SOAR también puede ayudar a mejorar la precisión y consistencia de las operaciones de seguridad al reducir el riesgo de errores humanos e inconsistencias en los procesos y la toma de decisiones manuales. Al automatizar y estandarizar los flujos de trabajo y manuales basados en políticas, procedimientos y mejores prácticas predefinidos, SOAR puede garantizar que los incidentes de seguridad se manejen de manera consistente y repetible, independientemente de los miembros del equipo o herramientas involucradas.

4. Mayor colaboración y comunicación: SOAR también puede ayudar a mejorar la colaboración y comunicación entre los equipos de seguridad y las partes interesadas al proporcionar una plataforma y herramientas centralizadas para compartir información, coordinar actividades y rastrear el progreso. Al integrarse con herramientas de colaboración y comunicación, como chat, mensajería y sistemas de ticketing, SOAR puede permitir a los equipos de seguridad trabajar de manera más efectiva y eficiente juntos y garantizar que todas las partes relevantes estén informadas y comprometidas a lo largo del proceso de respuesta a incidentes.

5. Mejora del cumplimiento y la gobernanza: Finalmente, SOAR puede ayudar a mejorar el cumplimiento y la gobernanza de las operaciones de seguridad al proporcionar una plataforma y herramientas centralizadas para documentar, auditar y reportar incidentes y actividades de seguridad. Al integrarse con herramientas de cumplimiento y gobernanza, como plataformas GRC y sistemas ITSM, SOAR puede permitir a los equipos de seguridad demostrar la adherencia a políticas, regulaciones y estándares relevantes y proporcionar evidencia de prácticas efectivas de respuesta a incidentes y gestión de riesgos.

Desafíos de SOAR:

1. Complejidad e integración: Uno de los principales desafíos de implementar e integrar SOAR es la complejidad y diversidad de las herramientas y plataformas de seguridad involucradas. Los equipos de seguridad a menudo tienen que lidiar con una amplia gama de API específicas de proveedores, formatos de datos y flujos de trabajo, lo que hace que sea difícil integrar y orquestar estas herramientas en una plataforma SOAR cohesiva y efectiva. Esto puede requerir una planificación, prueba y personalización significativas para garantizar que los flujos de trabajo y manuales de SOAR estén alineados con las necesidades y herramientas de seguridad específicas de la organización.

2. Habilidades y experiencia: Otro desafío de SOAR es la necesidad de habilidades y experiencia especializadas en automatización de seguridad, orquestación y respuesta a incidentes. Desarrollar y mantener manuales y flujos de trabajo de SOAR requiere una comprensión profunda de las herramientas, procesos y políticas de seguridad de la organización, así como la capacidad de diseñar e implementar lógica compleja de automatización y orquestación. Esto puede requerir una capacitación y desarrollo significativos para los equipos de seguridad existentes, así como la contratación y retención de expertos especializados en SOAR.

3. Falsos positivos y fatiga de alertas: Al igual que cualquier sistema automatizado, SOAR puede generar falsos positivos y negativos, lo que puede llevar a la fatiga de alertas y a una menor confianza en el sistema. Si la plataforma SOAR no está debidamente ajustada y configurada, puede generar un alto volumen de alertas de baja calidad o irrelevantes, lo que puede abrumar a los equipos de seguridad y distraerlos de incidentes y actividades más importantes. Por otro lado, si la plataforma SOAR es demasiado restrictiva o enfocada, puede pasar por alto incidentes y amenazas críticos, lo que lleva a un mayor riesgo y exposición.

4. Mantenimiento y actualizaciones: Otro desafío de SOAR es la necesidad de mantenimiento y actualizaciones continuas para mantener la plataforma y los manuales actualizados y efectivos. A medida que las herramientas, procesos y políticas de seguridad de la organización evolucionan, la plataforma y los manuales de SOAR deben revisarse, probarse y actualizarse regularmente para garantizar que sigan siendo relevantes y efectivos. Esto puede requerir un tiempo y recursos significativos, así como una colaboración y comunicación estrechas entre los equipos de seguridad, los proveedores de herramientas y otras partes interesadas.

5. Costo y retorno de inversión (ROI): Finalmente, implementar y mantener una plataforma SOAR puede ser una inversión significativa, tanto en términos de costos iniciales de la tecnología como de costos continuos de personal, capacitación y soporte. Demostrar el retorno de inversión (ROI) de SOAR puede ser un desafío, particularmente para organizaciones más pequeñas o con recursos limitados, ya que los beneficios de mayor eficiencia, productividad y capacidad de respuesta a incidentes pueden no ser visibles o cuantificables de inmediato.

A pesar de estos desafíos, los beneficios de SOAR son cada vez más convincentes para organizaciones de todos los tamaños e industrias, ya que el volumen y la complejidad de las amenazas e incidentes de seguridad continúan creciendo. Al planificar y ejecutar cuidadosamente una implementación de SOAR y abordar los desafíos y consideraciones clave mencionados anteriormente, las organizaciones pueden desbloquear el potencial completo de SOAR y transformar sus operaciones de seguridad para la era digital.

Implementación de SOAR

Ahora que hemos explorado los componentes, beneficios y desafíos clave de SOAR, examinemos el proceso de implementación e integración de SOAR en sus operaciones de ciberseguridad. Aunque los pasos y actividades específicos variarán según el tamaño, la industria y la madurez de seguridad de su organización, hay varias fases comunes y mejores prácticas que pueden ayudar a garantizar una implementación exitosa de SOAR.

1. Planificación y Evaluación

La primera fase de la implementación de SOAR es la planificación y evaluación, que implica definir los objetivos, el alcance y los requisitos del proyecto SOAR, evaluar el estado actual de las operaciones de seguridad de la organización e identificar oportunidades de mejora. Algunas actividades clave en esta fase incluyen:

- **Definir los casos de uso y objetivos de SOAR:** ¿Cuáles son los principales incidentes y escenarios de seguridad que abordará la plataforma SOAR? ¿Cuáles son las métricas y resultados clave que el proyecto SOAR pretende lograr, como la reducción del tiempo de respuesta a incidentes, el aumento de la eficiencia o la mejora del cumplimiento?.

- **Evaluar las herramientas y procesos de seguridad actuales:** ¿Qué herramientas y plataformas de seguridad se utilizan actualmente y qué tan bien están integradas y coordinadas? ¿Qué tareas manuales y repetitivas se realizan actualmente por los equipos de seguridad y cómo se pueden automatizar y orquestar?
- **Identificar las partes interesadas y requisitos clave:** ¿Quiénes son las partes interesadas y los tomadores de decisiones clave involucrados en el proyecto SOAR y cuáles son sus necesidades y requisitos específicos? ¿Cuáles son las restricciones de presupuesto, tiempo y recursos que deben considerarse?.
- **Desarrollar la hoja de ruta y plan de SOAR:** Basado en los factores anteriores, ¿cuál es la hoja de ruta y el plan general para la implementación de SOAR, incluidos los hitos, entregables y dependencias clave? ¿Cómo se gestionará y gobernará el proyecto SOAR y cuáles son los roles y responsabilidades de los diversos equipos y partes interesadas involucrados?.

2. Diseño y Arquitectura

La segunda fase de la implementación de SOAR es el diseño y la arquitectura, que implica definir el diseño técnico y funcional de la plataforma SOAR, así como los flujos de integración y orquestación con las herramientas y procesos de seguridad existentes. Algunas actividades clave en esta fase incluyen:

- **Seleccionar la plataforma y componentes de SOAR:** Basado en los requisitos y objetivos identificados en la fase de planificación, ¿cuál es la plataforma SOAR y el conjunto de componentes más apropiado para utilizar? ¿Cuáles son las características y capacidades clave que admite la plataforma SOAR, como la automatización de flujos de trabajo, la gestión de casos, la integración de inteligencia de amenazas y la generación de informes y análisis?.

- **Diseñar la arquitectura e integraciones de SOAR:** ¿Cómo se implementará e integrará la plataforma SOAR con las herramientas y plataformas de seguridad existentes, como SIEM, EDR y TIP? ¿Cuáles son los flujos de datos y puntos de integración entre la plataforma SOAR y estas herramientas y cómo se gestionarán y asegurarán?.
- **Definir los flujos de trabajo y manuales de SOAR:** ¿Qué flujos de trabajo y manuales específicos automatizará y orquestará la plataforma SOAR y cómo se diseñarán e implementarán? ¿Cuáles son los puntos de decisión clave, acciones y resultados involucrados en cada flujo de trabajo y manual y cómo se probarán y validarán?.
- **Establecer la gobernanza y políticas de SOAR:** ¿Qué marcos de gobernanza y políticas se utilizarán para gestionar y controlar la plataforma SOAR y su uso? ¿Cuáles son los roles y responsabilidades de los diversos equipos y partes interesadas involucrados y cómo se otorgarán y revocarán los accesos y permisos?.

3. Implementación y Pruebas

La tercera fase de la implementación de SOAR es la implementación y pruebas, que implica desplegar y configurar la plataforma SOAR y probar y validar los flujos de trabajo y manuales para garantizar que funcionen según lo previsto. Algunas actividades clave en esta fase incluyen:

- **Instalar y configurar la plataforma SOAR:** ¿Cómo se instalará y configurará la plataforma SOAR en el entorno de producción y cuáles son los requisitos del sistema y la red? ¿Cuáles son los ajustes y parámetros de configuración iniciales y cómo se probarán y validarán?.
- **Desarrollar y probar las integraciones de SOAR:** ¿Cómo se integrará la plataforma SOAR con las herramientas y plataformas de seguridad existentes y cuáles son las API, conectores y mapeos de datos específicos que se deben desarrollar y probar? ¿Cómo se validarán y verificarán los flujos de integración y cuáles son los mecanismos de manejo de errores y registro?.
- **Implementar y probar los flujos de trabajo y manuales de SOAR:** ¿Cómo se implementarán y probarán los flujos de trabajo y manuales de SOAR y cuáles son los pasos y acciones específicos involucrados en cada flujo de trabajo y manual? ¿Cuáles son los casos de prueba y escenarios que se utilizarán para validar los flujos de trabajo y manuales y cómo se documentarán y revisarán los resultados?.
- **Realizar pruebas de aceptación del usuario y capacitación:** ¿Cómo se introducirán y demostrarán la plataforma SOAR y los flujos de trabajo a los usuarios finales y partes interesadas y qué actividades de capacitación y incorporación se realizarán? ¿Cuáles son los criterios y procedimientos de prueba de aceptación del usuario y cómo se capturarán y abordarán los comentarios y problemas?.

4. Despliegue y Optimización

La cuarta y última fase de la implementación de SOAR es el despliegue y optimización, que implica desplegar la plataforma SOAR y los flujos de trabajo en producción y monitorear y optimizar su rendimiento y efectividad con el tiempo. Algunas actividades clave en esta fase incluyen:

- **Desplegar la plataforma SOAR en producción:** ¿Cómo se desplegarán la plataforma SOAR y los flujos de trabajo en el entorno de producción y cuáles son los planes de transición y cambio? ¿Cuáles son los mecanismos de monitoreo y alerta para garantizar la estabilidad y disponibilidad de la plataforma?.
- **Monitorear y optimizar el rendimiento de SOAR:** ¿Cómo se monitoreará y medirá el rendimiento y efectividad de la plataforma SOAR y los flujos de trabajo y cuáles son las métricas e indicadores clave que se rastrearán? ¿Qué actividades de optimización y ajuste se realizarán para mejorar la eficiencia y precisión de los flujos de trabajo y manuales de SOAR?.
- **Realizar revisiones posteriores al incidente y lecciones aprendidas:** ¿Cómo apoyarán la plataforma SOAR y los flujos de trabajo las actividades de revisiones posteriores al incidente y lecciones aprendidas y cuáles son los procesos y plantillas específicos que se utilizarán? ¿Cómo se capturarán y se incorporarán las ideas y recomendaciones de estas revisiones en la mejora continua de la plataforma y flujos de trabajo de SOAR?.
- **Mantener y actualizar la plataforma SOAR:** ¿Cómo se mantendrán y actualizarán la plataforma SOAR y los flujos de trabajo con el tiempo y cuáles son los procesos y procedimientos para gestionar cambios y mejoras? ¿Qué acuerdos de nivel de servicio y modelos de soporte se utilizarán para garantizar la disponibilidad y rendimiento continuos de la plataforma SOAR?.

Al seguir estas fases y actividades, las organizaciones pueden garantizar una implementación exitosa y efectiva de SOAR y realizar los beneficios completos de una mayor eficiencia, productividad y capacidades de respuesta a incidentes. Sin embargo, es importante tener en cuenta que la implementación de SOAR no es un proyecto único, sino un proceso continuo de mejora y optimización a medida que el panorama de amenazas y las necesidades y herramientas de seguridad de la organización evolucionan.

Estudios de Caso de SOAR en Acción

Para ilustrar aún más el valor y potencial de SOAR, examinemos estudios de caso del mundo real de organizaciones que han implementado e integrado con éxito SOAR en sus operaciones de ciberseguridad.

1. Estudio de Caso: Firma Global de Servicios Financieros

Una firma global de servicios financieros con más de $500 mil millones en activos bajo gestión y una compleja red de subsidiarias y sucursales en múltiples países y regiones enfrentó desafíos significativos en la gestión y respuesta al creciente volumen y sofisticación de amenazas e incidentes cibernéticos. El centro de operaciones de seguridad (SOC) de la firma luchaba por mantenerse al día con las tareas manuales y repetitivas de recopilar, analizar y correlacionar datos de seguridad de múltiples herramientas y plataformas y los procesos que consumían mucho tiempo y eran propensos a errores de clasificación, investigación y respuesta a incidentes.

La firma implementó una plataforma SOAR para automatizar y orquestar sus procesos de operaciones de seguridad y respuesta a incidentes para abordar estos desafíos. La firma seleccionó una plataforma SOAR líder que ofrecía características e integraciones completas, incluidos la automatización de flujos de trabajo, la gestión de casos, la integración de inteligencia de amenazas y la generación de informes y análisis.

La implementación de SOAR de la firma siguió un enfoque por fases, comenzando con un proyecto piloto centrado en automatizar los procesos de clasificación e investigación de incidentes para un conjunto específico de casos de uso de alta prioridad, como infecciones de *malware* e intentos de exfiltración de datos. El proyecto piloto involucró una estrecha colaboración entre el equipo del SOC, el proveedor de SOAR y las partes interesadas de TI y seguridad de la firma para garantizar que los flujos de trabajo y manuales de SOAR estuvieran alineados con las políticas y procedimientos de seguridad específicos de la firma.

Después de un piloto exitoso, la firma procedió a una implementación a gran escala de la plataforma SOAR, integrándola con las herramientas y plataformas de seguridad existentes de la firma, como SIEM, EDR y TIP, y desarrollando un conjunto completo de flujos de trabajo y manuales para una amplia gama de escenarios e incidentes de seguridad. La firma también estableció un equipo dedicado a SOAR dentro del SOC, que es responsable de gestionar y mantener la plataforma y flujos de trabajo de SOAR y proporcionar capacitación y soporte al resto del equipo del SOC.

Los resultados de la implementación de SOAR fueron significativos y medibles. La firma logró una reducción del 70 % en el tiempo necesario para clasificar e investigar incidentes de seguridad y una reducción del 50 % en el tiempo total de respuesta a incidentes. La plataforma SOAR también permitió a la firma identificar y responder a varios incidentes de alto impacto que de otro modo habrían pasado desapercibidos, como una sofisticada campaña de *phishing* dirigida a los ejecutivos de la firma y un ataque a la cadena de suministro en los proveedores externos de la firma.

El equipo del SOC de la firma también informó mejoras significativas en la productividad y la satisfacción laboral. En lugar de pasar la mayor parte de su tiempo en tareas manuales y repetitivas, pudieron centrarse en actividades más estratégicas y proactivas, como la caza de amenazas y la ingeniería de seguridad. La plataforma SOAR también proporcionó al equipo del SOC una mayor visibilidad y contexto en la postura de seguridad y las actividades de respuesta a incidentes de la firma, permitiéndoles tomar decisiones y recomendaciones más informadas y efectivas.

2. Estudio de Caso: Red de Proveedores de Atención Médica

Una gran red de proveedores de atención médica con más de 50 hospitales y clínicas en múltiples estados enfrentaba desafíos significativos en la gestión y seguridad de su compleja y distribuida infraestructura de TI, incluidas sistemas heredados, servicios en la nube y dispositivos IoT. El equipo de seguridad de la red se veía abrumado por el volumen y la variedad de alertas e incidentes de seguridad generados por sus diversas herramientas y plataformas de seguridad y luchaba por priorizar y responder a las amenazas y vulnerabilidades más críticas e impactantes.

La red implementó una plataforma SOAR para automatizar y orquestar sus procesos de operaciones de seguridad y gestión de vulnerabilidades para abordar estos desafíos. La red seleccionó una plataforma SOAR que ofrecía características e integraciones completas, incluidos el escaneo y evaluación de vulnerabilidades, flujos de trabajo de remediación y mitigación, gestión y despliegue de parches y generación de informes de cumplimiento y auditoría.

La implementación de SOAR de la red siguió un enfoque por fases, comenzando con un proyecto de prueba de concepto centrado en automatizar los procesos de escaneo y evaluación de vulnerabilidades para un conjunto específico de activos y sistemas de alta prioridad, como sistemas de registro de salud electrónicos (EHR) y dispositivos médicos. El proyecto de prueba de concepto involucró una estrecha colaboración entre el equipo de seguridad, el proveedor de SOAR y las partes interesadas clínicas y de TI de la red para garantizar que los flujos de trabajo y manuales de SOAR estuvieran alineados con los requisitos específicos de seguridad y cumplimiento de la red.

Después de una prueba de concepto exitosa, la red procedió a una implementación a gran escala de la plataforma SOAR, integrándola con las herramientas y plataformas de seguridad existentes de la red, como escáneres de vulnerabilidades, sistemas de gestión de parches y plataformas GRC, y desarrollando un conjunto completo de flujos de trabajo y manuales para una amplia gama de escenarios y activos de vulnerabilidades. La red también estableció un equipo dedicado a la gestión de vulnerabilidades dentro de la organización de seguridad, responsable de gestionar y mantener la plataforma y flujos de trabajo de SOAR y proporcionar orientación y soporte al resto de los equipos de seguridad y TI.

Los resultados de la implementación de SOAR fueron significativos y medibles. La red logró una reducción del 60 % en el tiempo necesario para identificar y evaluar vulnerabilidades en toda su infraestructura de TI y una reducción del 40 % en el tiempo total de remediación y parcheo. La plataforma SOAR también permitió a la red identificar y mitigar varias vulnerabilidades de alto impacto que de otro modo habrían pasado desapercibidas, como una explotación de día cero en un dispositivo médico crítico y un error de configuración en un sistema de EHR basado en la nube.

Los equipos de seguridad y TI de la red también informaron mejoras significativas en la colaboración y comunicación, ya que la plataforma SOAR proporcionaba un marco centralizado y estandarizado para gestionar y rastrear actividades de gestión de vulnerabilidades en toda la organización. La plataforma SOAR también permitió a la red demostrar cumplimiento con las regulaciones de seguridad y privacidad de la atención médica relevantes, como HIPAA y HITECH, al proporcionar auditorías detalladas e informes sobre actividades de gestión yremediación de vulnerabilidades.

3. Estudio de Caso: Agencia Gubernamental

Una gran agencia gubernamental con más de 100,000 empleados y contratistas en múltiples departamentos y ubicaciones enfrentaba desafíos significativos en la gestión y respuesta al creciente volumen y sofisticación de amenazas e incidentes cibernéticos dirigidos a su infraestructura crítica y datos sensibles. El centro de operaciones de seguridad (SOC) de la agencia luchaba por mantenerse al día con los procesos manuales y que consumían mucho tiempo de recopilar, analizar y compartir inteligencia de amenazas de múltiples fuentes y formatos y los procesos complejos y políticamente sensibles de coordinar actividades de respuesta a incidentes en varias partes interesadas y jurisdicciones.

CAPÍTULO 9: TÉCNICA 8: ORQUESTACIÓN, AUTOMATIZACIÓN Y...

Para abordar estos desafíos, la agencia implementó una plataforma SOAR para automatizar y orquestar sus procesos de inteligencia de amenazas y respuesta a incidentes. La agencia seleccionó una plataforma SOAR que ofrecía características e integraciones completas, incluidos la recopilación y normalización de datos de amenazas, análisis y correlación de amenazas, compartición y colaboración de inteligencia de amenazas y flujo de trabajo de respuesta a incidentes y gestión de casos.

La implementación de SOAR de la agencia siguió un enfoque por fases, comenzando con un proyecto piloto centrado en automatizar los procesos de recopilación y análisis de inteligencia de amenazas para un conjunto específico de actores de amenazas e indicadores de alta prioridad, como adversarios estatales y objetivos de infraestructura crítica. El proyecto piloto involucró una estrecha colaboración entre el equipo del SOC, el proveedor de SOAR y los socios de inteligencia y aplicación de la ley de la agencia para garantizar que los flujos de trabajo y manuales de SOAR estuvieran alineados con los requisitos específicos de inteligencia de amenazas y compartición de información de la agencia.

Después de un piloto exitoso, la agencia procedió a una implementación a gran escala de la plataforma SOAR, integrándola con las herramientas y plataformas de seguridad existentes de la agencia, como SIEM, TIP y sistemas de gestión de casos, y desarrollando un conjunto completo de flujos de trabajo y manuales para una amplia gama de escenarios de inteligencia de amenazas y respuesta a incidentes. La agencia también estableció un equipo dedicado a la inteligencia de amenazas y respuesta a incidentes dentro del SOC, responsable de gestionar y mantener la plataforma y flujos de trabajo de SOAR y proporcionar capacitación y soporte al resto del equipo del SOC.

Los resultados de la implementación de SOAR fueron significativos y medibles. La agencia redujo el tiempo necesario para recopilar y analizar inteligencia de amenazas de múltiples fuentes y formatos en un 80 % y el tiempo total de respuesta a incidentes en un 60 %. La plataforma SOAR también permitió a la agencia identificar y responder a varios incidentes de alto impacto que de otro modo habrían pasado desapercibidos, como una campaña de *spear-phishing* dirigida a los ejecutivos de la agencia y un ataque a la cadena de suministro en un proveedor de infraestructura crítica.

El equipo del SOC de la agencia también informó mejoras significativas en su conocimiento situacional y toma de decisiones, ya que la plataforma SOAR les proporcionaba una visión más completa y oportuna del panorama de amenazas y la postura de seguridad de la agencia. La plataforma SOAR también mejoró la colaboración y compartición de información de la agencia con sus socios de inteligencia y aplicación de la ley al proporcionar un marco estandarizado y seguro para intercambiar inteligencia de amenazas y coordinar actividades de respuesta a incidentes.

Estos estudios de caso demuestran el valor y potencial significativo de SOAR para abordar algunos de los desafíos y oportunidades más urgentes en las operaciones de ciberseguridad en diversas industrias y casos de uso. Al automatizar y orquestar procesos y flujos de trabajo de seguridad clave, SOAR puede ayudar a las organizaciones a mejorar su eficiencia, productividad y efectividad en la detección, investigación y respuesta a amenazas e incidentes cibernéticos, al tiempo que mejora su colaboración, comunicación y postura de cumplimiento.

Conclusión

En este capítulo, hemos explorado el concepto y la práctica de la Orquestación, Automatización y Respuesta de Seguridad (SOAR) como un enfoque poderoso y transformador para modernizar y optimizar las operaciones de ciberseguridad en medio del creciente volumen y sofisticación de las amenazas y desafíos cibernéticos.

Hemos examinado los componentes y capacidades clave de SOAR, incluyendo la plataforma de orquestación y automatización, la plataforma de inteligencia de amenazas, la plataforma de respuesta a incidentes de seguridad y la plataforma de automatización y remediación de seguridad, y cómo trabajan juntos para permitir que los equipos de seguridad agilicen y automaticen sus flujos de trabajo y procesos en todo el ciclo de vida de las operaciones de seguridad.

Hemos discutido los principales beneficios de SOAR, tales como una mayor eficiencia y productividad, respuesta y resolución de incidentes más rápidas, mejora de la precisión y consistencia, mayor colaboración y comunicación y mejora del cumplimiento y la gobernanza. También hemos destacado algunos de los desafíos y consideraciones clave de implementar SOAR, tales como la complejidad y la integración, habilidades y experiencia, falsos positivos y fatiga de alertas, mantenimiento y actualizaciones y costo y retorno de inversión.

Hemos proporcionado una guía paso a paso para planificar, diseñar, implementar y optimizar una solución SOAR, cubriendo actividades clave como definir casos de uso y requisitos, seleccionar plataformas y componentes, desarrollar flujos de trabajo y manuales, probar y validar y monitorear y optimizar el rendimiento.

Finalmente, hemos presentado varios estudios de caso del mundo real de organizaciones que han implementado con éxito SOAR y han logrado mejoras significativas en sus operaciones de ciberseguridad en diferentes industrias y casos de uso, como servicios financieros, atención médica y gobierno.

Como hemos visto a lo largo de este capítulo, SOAR representa un cambio de paradigma significativo en la forma en que las organizaciones abordan las operaciones de ciberseguridad, pasando de un modelo reactivo y en silos a uno proactivo e integrado. Al aprovechar el poder de la automatización, la orquestación y la inteligencia, SOAR permite a los equipos de seguridad trabajar de manera más inteligente, no más ardua, y centrarse en las actividades más críticas e impactantes que generan verdadero valor comercial y reducción de riesgos.

Sin embargo, implementar SOAR no es un esfuerzo trivial o único, sino un viaje continuo de aprendizaje, experimentación y mejora. Las organizaciones deben planificar y ejecutar cuidadosamente sus iniciativas de SOAR, considerando su contexto, requisitos y limitaciones únicos y involucrando a todas las partes interesadas y socios relevantes.

También deben estar preparadas para adaptar y evolucionar sus soluciones SOAR con el tiempo, a medida que el panorama de amenazas, el ecosistema tecnológico y el entorno regulatorio cambian. Esto requiere un compromiso sólido con la monitorización, medición y optimización continuas y una cultura de innovación, colaboración y agilidad.

En última instancia, el éxito de SOAR dependerá no solo de la tecnología, sino también de las personas, los procesos y las mentalidades que lo rodean y lo apoyan. Las organizaciones que puedan aprovechar eficazmente el poder de SOAR al mismo tiempo que fomentan las habilidades, conocimientos y creatividad de sus equipos de seguridad estarán mejor posicionadas para prosperar y tener éxito en medio del creciente volumen y sofisticación de las amenazas y desafíos cibernéticos en la era digital.

Por lo tanto, ya sea que usted sea un profesional de seguridad experimentado que busca llevar sus operaciones al siguiente nivel o un líder empresarial que busca maximizar el valor y el impacto de sus inversiones en ciberseguridad, le animamos a explorar el potencial de SOAR y comenzar su viaje de transformación e innovación. Al hacerlo, no solo mejorará su postura y resiliencia de seguridad, sino que también contribuirá al conocimiento y progreso colectivos de la comunidad de ciberseguridad.

Capítulo 10: Técnica 9: Simulación de Amenazas Persistentes Avanzadas (APT)

Introducción

En el paisaje de ciberseguridad en constante evolución, las organizaciones enfrentan amenazas de una sofisticación y persistencia sin precedentes. Entre las amenazas más peligrosas y desafiantes se encuentran las Amenazas Persistentes Avanzadas (APT), que son

CAPÍTULO 10: TÉCNICA 9: SIMULACIÓN DE AMENAZAS PERSISTENTES...

ataques altamente dirigidos, sigilosos y a largo plazo llevados a cabo por adversarios hábiles y bien equipados, a menudo con respaldo o apoyo de estados-nación.

Las APT están diseñadas para evadir los controles de seguridad tradicionales y los mecanismos de detección, estableciendo una presencia a largo plazo en el entorno objetivo. Esto permite a los atacantes robar datos sensibles, interrumpir operaciones o alcanzar otros objetivos estratégicos durante un período prolongado. Las APT a menudo emplean una combinación de ingeniería social, *exploits* de día cero, *malware* personalizado y técnicas de movimiento lateral para comprometer y mantener el acceso a los sistemas y redes objetivo.

Dada la importancia de los riesgos y los impactos potenciales de las APT, las organizaciones deben desarrollar y mantener una defensa fuerte y proactiva contra estas amenazas. Sin embargo, defenderse contra las APT es un desafío complejo y continuo que requiere una comprensión profunda de las tácticas, técnicas y procedimientos (TTP) del adversario y una postura de seguridad integral y adaptable en toda la superficie de ataque.

Una técnica poderosa para mejorar la defensa de una organización contra las APT es la simulación de APT, que implica emular las TTP de actores APT del mundo real en un entorno controlado y realista para identificar y mitigar vulnerabilidades y brechas en los controles y procesos de seguridad de la organización.

Este capítulo profundizará en la simulación de APT, explorando los conceptos clave, marcos y herramientas que sustentan esta práctica crítica de defensa cibernética. Examinaremos las diferentes fases y escenarios de los ataques APT y proporcionaremos una guía paso a paso para diseñar y ejecutar ejercicios de simulación de APT que puedan ayudar a las organizaciones a mejorar sus capacidades de detección, respuesta y resiliencia.

Ya sea que usted sea un profesional de ciberseguridad experimentado que busca mejorar sus habilidades y conocimientos en defensa contra APT o un líder empresarial que busca comprender los riesgos e impactos de las APT en su organización, este capítulo le proporcionará los conocimientos y la orientación necesarios para aprovechar eficazmente la simulación de APT como parte de su estrategia y operaciones de ciberseguridad.

Comprendiendo las APT y su Impacto

Antes de profundizar en los detalles de la simulación de APT, es esencial tener una comprensión clara de las APT, cómo se diferencian de otros tipos de amenazas cibernéticas y por qué representan un riesgo tan significativo para las organizaciones.

A un alto nivel, las APT pueden definirse como ataques altamente dirigidos, sofisticados y persistentes llevados a cabo por adversarios hábiles y bien equipados, a menudo con el respaldo o apoyo de estados-nación u otras entidades poderosas. A diferencia de los ataques oportunistas o de *commodities*, que están diseñados para explotar vulnerabilidades conocidas o controles de seguridad débiles en una amplia gama de objetivos, las APT están cuidadosamente planificadas y ejecutadas para lograr objetivos estratégicos específicos contra una organización o sector en particular.

Las APT suelen implicar un ciclo de vida de ataque de múltiples etapas que puede extenderse durante varios meses o incluso años y están diseñadas para evadir la detección y mantener una presencia a largo plazo en el entorno objetivo. Las etapas clave de un ataque APT pueden resumirse de la siguiente manera:

1. Reconocimiento: En esta etapa, los atacantes recopilan inteligencia sobre la organización objetivo, sus personas, procesos y tecnologías para identificar posibles vulnerabilidades y puntos de entrada. Esto puede implicar una combinación de recopilación de inteligencia de fuentes abiertas (OSINT), análisis de redes sociales y otras formas de reconocimiento pasivo y activo.

2. Compromiso Inicial: Una vez que los atacantes han identificado un punto de entrada adecuado, intentarán ganar una posición inicial en el entorno objetivo, a menudo a través de tácticas de ingeniería social como *spear-phishing*, ataques de *watering hole* o compromiso de la cadena de suministro. El compromiso inicial también puede implicar la explotación de vulnerabilidades de día cero o configuraciones incorrectas en los sistemas o aplicaciones del objetivo.

3. Establecer Punto de Apoyo: Después de ganar una posición inicial, los atacantes buscan establecer una presencia más persistente y sigilosa en el entorno objetivo. A menudo instalan puertas traseras, crean cuentas de usuario falsas o aprovechan herramientas y protocolos de acceso remoto legítimos, lo que les permite mantener el acceso a los sistemas comprometidos incluso si se descubre y se cierra el punto de entrada inicial.

4. Escalar Privilegios: Para moverse lateralmente a través de la red objetivo y acceder a datos y sistemas sensibles, los atacantes deben escalar sus privilegios y obtener niveles más altos de acceso y control. Esto puede implicar la explotación de vulnerabilidades en los mecanismos de autenticación y autorización del objetivo, el robo de credenciales de usuario o el aprovechamiento de cuentas y permisos privilegiados existentes.

5. Reconocimiento Interno: Con privilegios escalados, los atacantes pueden realizar un reconocimiento más detallado y específico de la red y sistemas internos del objetivo para identificar los datos y activos más valiosos, así como posibles rutas para la exfiltración y el sabotaje. Esto puede implicar una combinación de escaneo de red, volcado de credenciales y otras formas de descubrimiento activo y pasivo.

6. Movimiento Lateral: Basándose en el reconocimiento interno, los atacantes buscarán moverse lateralmente a través de la red objetivo, comprometiendo sistemas y usuarios adicionales para ganar acceso a los datos y activos deseados. Esto puede implicar una variedad de técnicas, como la explotación de vulnerabilidades, el uso de credenciales robadas o el aprovechamiento de herramientas y protocolos administrativos legítimos.

7. Mantener Presencia: A lo largo del ciclo de vida del ataque, los atacantes buscarán mantener una presencia sigilosa y persistente en el entorno objetivo para continuar sus operaciones y evitar la detección y respuesta por parte de los equipos de seguridad del objetivo. Esto puede implicar el uso de *malware* personalizado, infraestructura de comando y control (C2) y otras técnicas para mezclarse con el tráfico y las actividades legítimas.

8. Completar la Misión: Una vez que los atacantes han alcanzado sus objetivos, ya sea la exfiltración de datos, el sabotaje u otras

CAPÍTULO 10: TÉCNICA 9: SIMULACIÓN DE AMENAZAS PERSISTENTES...

formas de impacto, pueden buscar cubrir sus huellas y mantener un punto de apoyo para futuras operaciones. Esto puede implicar la eliminación de registros y otras evidencias de sus actividades, así como el establecimiento de puertas traseras y mecanismos de persistencia adicionales.

Los impactos potenciales de las APT en las organizaciones pueden ser significativos y de gran alcance, dependiendo de los objetivos y capacidades específicos de los atacantes. Algunos de los impactos más comunes y dañinos de las APT incluyen:

- **Brechas y Robo de Datos:** Las APT a menudo buscan robar datos sensibles, como propiedad intelectual, información financiera, datos personales u otra información confidencial y valiosa. La pérdida o exposición de dichos datos puede resultar en daños económicos, legales y reputacionales significativos para la organización afectada, así como perjuicios a sus clientes, socios y partes interesadas.
- **Disrupción Operacional y Sabotaje:** Las APT también pueden buscar interrumpir o sabotear las operaciones de la organización objetivo mediante la destrucción o cifrado de datos y sistemas críticos, la inyección de información falsa o engañosa o la manipulación de sistemas de control industrial y otras tecnologías operativas (OT). Tales ataques pueden resultar en tiempos de inactividad significativos, pérdida de productividad e incluso daños físicos o perjuicios.
- **Daño Reputacional y Pérdida de Confianza:** La divulgación pública o el reporte de un ataque APT puede tener graves consecuencias reputacionales para la organización afectada, erosionando la confianza de los clientes, la confianza de los inversores y la lealtad a la marca. Esto puede llevar a la pérdida de oportunidades

de negocio, disminución de la cuota de mercado y desventajas competitivas a largo plazo.

- **Responsabilidad Legal y Regulatoria:** Dependiendo de la naturaleza y el alcance del ataque APT, la organización afectada puede enfrentar responsabilidades legales y regulatorias significativas, como multas, sanciones y demandas relacionadas con las regulaciones de privacidad y seguridad de datos, como GDPR, HIPAA o PCI-DSS. Esto puede resultar en cargas financieras y operativas considerables, así como en requisitos continuos de cumplimiento y reporte.
- **Riesgos Geopolíticos y de Seguridad Nacional:** Las APT llevadas a cabo por actores estatales o sus proxies también pueden tener implicaciones geopolíticas y de seguridad nacional significativas, comprometiendo potencialmente información gubernamental o militar sensible, interrumpiendo infraestructuras críticas o socavando relaciones y alianzas internacionales. Tales ataques también pueden desencadenar ciclos de represalias cibernéticas y conflictos, potencialmente desestabilizando la seguridad y estabilidad global.

Dada la importancia de los riesgos y los impactos potenciales de las APT, las organizaciones deben desarrollar y mantener una defensa fuerte y proactiva contra estas amenazas. Sin embargo, defenderse contra las APT es un desafío complejo y continuo que requiere una comprensión profunda de las tácticas, técnicas y procedimientos (TTP) del adversario y una postura de seguridad integral y adaptable en toda la superficie de ataque.

Un aspecto clave de una estrategia de defensa efectiva contra APT es la capacidad de identificar y mitigar proactivamente vulnerabilidades y brechas en los controles y procesos de seguridad de la organización antes de que los atacantes puedan explotarlas. La simulación de APT proporciona una forma robusta y realista de probar y mejorar las capacidades de detección, respuesta y resiliencia de la organización contra amenazas a nivel APT.

En las siguientes secciones, exploraremos los conceptos clave, marcos y herramientas de la simulación de APT y proporcionaremos una guía para el diseño y la ejecución de ejercicios efectivos de simulación de APT que puedan ayudar a las organizaciones a mejorar su postura y preparación general de ciberseguridad.

Marcos y Metodologías de Simulación de APT

La simulación de APT es un proceso complejo y multifacético que implica una variedad de actividades, herramientas y conjuntos de habilidades. Para ayudar a estructurar y guiar el diseño y la ejecución de ejercicios de simulación de APT, los investigadores y profesionales de ciberseguridad han desarrollado varios marcos y metodologías.

En esta sección, exploraremos algunos de los marcos y metodologías de simulación de APT más utilizados e influyentes y discutiremos sus características clave, beneficios y limitaciones.

1. Marco MITRE ATT&CK

Uno de los marcos más completos y ampliamente adoptados para la simulación de APT es el marco MITRE ATT&CK (*Adversarial Tactics, Techniques, and Common Knowledge*). Desarrollado por la Corporación MITRE, una organización sin fines de lucro de investigación y desarrollo, el marco ATT&CK proporciona una base de conocimientos detallada y estructurada de las tácticas, técnicas y procedimientos (TTP) de los actores APT del mundo real.

El marco ATT&CK está organizado en una matriz de tácticas y técnicas, donde cada táctica representa el objetivo o propósito de alto nivel del atacante (como acceso inicial, persistencia o impacto) y cada técnica representa un método o enfoque específico utilizado para lograr ese objetivo (como *spear-phishing*, creación de tareas programadas o destrucción de datos). El marco también incluye descripciones detalladas y ejemplos de cada técnica, así como referencias a grupos APT y campañas del mundo real que utilizan esas técnicas.

Un beneficio clave del marco ATT&CK para la simulación de APT es su enfoque completo y estructurado para modelar el comportamiento del adversario. Al mapear las TTP específicas utilizadas en un ejercicio de simulación de APT a las tácticas y técnicas correspondientes en la matriz ATT&CK, las organizaciones pueden obtener una comprensión más detallada y matizada de los objetivos, métodos y procesos de toma de decisiones del adversario. Esto puede ayudar a informar el diseño y la ejecución de escenarios de simulación más realistas y desafiantes, así como el desarrollo de capacidades de detección y respuesta más efectivas.

Otro beneficio del marco ATT&CK es su extensibilidad y adaptabilidad. Se actualiza y expande regularmente en función de nueva inteligencia e investigación sobre actores APT y sus TTP, asegurando que siga siendo relevante para el panorama de amenazas en evolución. Además, el marco permite la personalización y localización, permitiendo a las organizaciones adaptar sus ejercicios de simulación de APT a su industria, región o perfil de amenazas específico.

CAPÍTULO 10: TÉCNICA 9: SIMULACIÓN DE AMENAZAS PERSISTENTES...

Sin embargo, el marco ATT&CK también tiene algunas limitaciones y desafíos. Un desafío es el alcance y la complejidad del marco, que puede ser abrumador para organizaciones que son nuevas en la simulación de APT o que tienen recursos y experiencia limitados. Otro desafío es la posible dependencia excesiva del marco, que puede llevar a una "mentalidad de lista de verificación" o a un enfoque en la simulación de técnicas específicas en lugar de comprender el contexto y los objetivos más amplios del adversario.

2. Cadena de Eliminación Cibernética (*Cyber Kill Chain*)

Otro marco influyente para la simulación de APT es la Cadena de Eliminación Cibernética (*Cyber Kill Chain*), desarrollada por Lockheed Martin. La Cadena de Eliminación Cibernética es un modelo de alto nivel de las etapas y fases típicas de un ataque APT, desde el reconocimiento inicial y la armamentización hasta la entrega, explotación, instalación, comando y control, y acciones sobre los objetivos.

El beneficio clave de la Cadena de Eliminación Cibernética para la simulación de APT es su simplicidad y linealidad, que puede ayudar a las organizaciones a comprender el flujo y la progresión general de un ataque APT. Al mapear las actividades e indicadores específicos de un ejercicio de simulación de APT a las etapas correspondientes de la Cadena de Eliminación Cibernética, las organizaciones pueden obtener una comprensión más intuitiva y accionable de los objetivos del adversario, puntos de decisión y oportunidades potenciales para la detección e intervención.

Sin embargo, la Cadena de Eliminación Cibernética también tiene algunas limitaciones y críticas. Una limitación es su falta de granularidad y especificidad, lo que puede dificultar el modelado de ataques APT más complejos o de múltiples etapas. Otra crítica es su enfoque en la perspectiva y toma de decisiones del atacante, lo que puede descuidar el papel y la agencia del defensor en la configuración del resultado del ataque.

3. Modelo Diamante de Análisis de Intrusión

Un tercer marco para la simulación de APT es el Modelo Diamante de Análisis de Intrusión, desarrollado por investigadores del Centro de Análisis e Investigación de Amenazas Cibernéticas (CCIATR). Este marco es más abstracto y flexible, centrándose en los elementos y relaciones clave de un ataque APT en lugar de las etapas o técnicas específicas.

El Modelo Diamante identifica cuatro elementos clave de un ataque APT: el adversario, la infraestructura, la capacidad y la víctima. Estos elementos se organizan en un gráfico en forma de diamante, con cada componente conectado a los otros a través de una serie de aristas que representan sus relaciones y dependencias. Por ejemplo, el adversario puede usar una infraestructura particular para entregar una capacidad específica contra una víctima objetivo.

El beneficio clave del Modelo Diamante para la simulación de APT es su flexibilidad y adaptabilidad, lo que permite un análisis más matizado y específico del contexto de los ataques APT. Al centrarse en los elementos y relaciones clave del ataque en lugar de una secuencia fija de etapas o técnicas, el Modelo Diamante puede acomodar una gama más amplia de escenarios y variaciones de APT y ayudar a las organizaciones a identificar patrones e indicadores de compromiso más complejos y sutiles.

CAPÍTULO 10: TÉCNICA 9: SIMULACIÓN DE AMENAZAS PERSISTENTES...

Sin embargo, el Modelo Diamante también tiene algunas limitaciones y desafíos. Un desafío es su nivel de abstracción y complejidad conceptual, lo que puede dificultar su aplicación y operacionalización en la práctica para algunas organizaciones. Otro desafío es su dependencia de inteligencia y datos detallados y precisos sobre los elementos y relaciones específicos del ataque, que puede no estar siempre disponible o ser confiable.

4. Cadena de Eliminación Unificada (*Unified Kill Chain*)

Un cuarto marco para la simulación de APT es la Cadena de Eliminación Unificada (*Unified Kill Chain* - UKC), desarrollada por investigadores del Instituto SANS. La UKC intenta integrar y armonizar los elementos y etapas clave del marco MITRE ATT&CK y la Cadena de Eliminación Cibernética, al tiempo que incorpora fases y actividades adicionales específicas de los ataques APT.

La UKC incluye 18 fases distintas, agrupadas en tres categorías principales: *pre-exploit* (reconocimiento, armamentización, entrega), *exploit* (explotación, instalación, comando y control) y *post-exploit* (acción sobre objetivos, mantener persistencia, exfiltración, impacto). Cada fase se descompone en técnicas y sub-técnicas específicas alineadas con el marco ATT&CK.

El beneficio clave de la UKC para la simulación de APT es su exhaustividad y granularidad, que permite un modelado más detallado y matizado de los ataques APT a lo largo de todo el ciclo de vida del ataque. Al combinar la estructura y especificidad del marco ATT&CK con la linealidad y simplicidad de la Cadena de Eliminación Cibernética, la UKC proporciona un enfoque más equilibrado y accionable para la simulación de APT que puede ayudar a las organizaciones a identificar y priorizar las fases y técnicas más críticas para la detección y respuesta.

Sin embargo, la UKC también tiene algunas limitaciones y desafíos. Un desafío es su complejidad y alcance, lo que puede dificultar su implementación y operacionalización en la práctica para organizaciones con recursos o experiencia limitados. Otro desafío es la posible superposición y redundancia entre las diferentes fases y técnicas, lo que puede dificultar el mapeo y análisis de escenarios y campañas específicos de APT.

Diseñando y Ejecutando Ejercicios de Simulación de APT

Ahora que hemos explorado algunos de los marcos y metodologías clave para la simulación de APT, examinemos el proceso de diseñar y ejecutar ejercicios efectivos de simulación de APT dentro de una organización.

Los ejercicios de simulación de APT pueden tomar muchas formas y enfoques, dependiendo de los objetivos específicos, el alcance y las limitaciones de la organización. Algunos tipos comunes de ejercicios de simulación de APT incluyen:

- **Ejercicios de *Red Team*:** Estos son ejercicios de simulación de APT a gran escala y de múltiples etapas que involucran a un equipo dedicado de atacantes hábiles (el equipo rojo) que intentan comprometer las redes y sistemas de la organización mientras evaden la detección y respuesta por parte de los equipos de seguridad de la organización (el equipo azul). Los ejercicios de *red team* suelen ser los más completos y realistas, pero también los más intensivos en recursos y potencialmente disruptivos.

- **Ejercicios de *Purple Team*:** Estos son ejercicios de simulación de APT colaborativos en los que los equipos rojo y azul trabajan juntos para probar y mejorar las capacidades de detección y respuesta de la organización. Suelen centrarse en tácticas, técnicas o escenarios específicos e implican un alto grado de comunicación y coordinación entre los equipos rojo y azul.
- **Ejercicios de Mesa:** Estos son ejercicios de simulación de APT basados en discusiones que involucran a las partes interesadas y tomadores de decisiones clave de toda la organización, quienes trabajan a través de un escenario hipotético de APT y discuten sus roles, responsabilidades y acciones en cada etapa del ataque. Los ejercicios de mesa suelen ser menos técnicos y más centrados en los aspectos estratégicos y operativos de la respuesta a APT, como la comunicación, la coordinación y la asignación de recursos.
- **Simulación de Brechas y Ataques (BAS):** Estos son ejercicios de simulación de APT automatizados que utilizan herramientas y plataformas de software para probar y validar continuamente los controles y procesos de seguridad de la organización contra una variedad de escenarios y técnicas de APT predefinidos. Los ejercicios de BAS suelen ser menos personalizados y más escalables que otros tipos de simulación de APT, pero pueden no proporcionar el mismo nivel de realismo o interactividad.

Independientemente del tipo o enfoque específico, diseñar y ejecutar ejercicios efectivos de simulación de APT generalmente implica los siguientes pasos y consideraciones clave:

1. Definir Objetivos y Alcance

El primer paso en el diseño de un ejercicio de simulación de APT es definir claramente los objetivos y el alcance del ejercicio en función de las necesidades, prioridades y limitaciones específicas de la organización. Algunos objetivos comunes para los ejercicios de simulación de APT incluyen:

- Evaluar la efectividad de los controles y procesos de seguridad actuales de la organización contra amenazas a nivel APT.
- Identificar brechas y vulnerabilidades en las capacidades de detección y respuesta de la organización.
- Probar y validar los planes y procedimientos de respuesta a incidentes de la organización.
- Proporcionar capacitación y experiencia práctica para los equipos de seguridad y las partes interesadas de la organización.
- Demostrar cumplimiento con normas y regulaciones de seguridad relevantes.

El alcance del ejercicio de simulación de APT debe definirse claramente en términos de las redes, sistemas, datos y usuarios específicos involucrados, así como cualquier limitación o restricción sobre las técnicas o impactos permitidos. El alcance debe basarse en una evaluación cuidadosa del perfil de riesgo de la organización, los activos críticos, los vectores de ataque potenciales y cualquier consideración legal, ética u operativa.

2. Seleccionar y Personalizar Escenarios de Simulación

El siguiente paso es seleccionar y personalizar los escenarios y técnicas específicos de simulación de APT que se utilizarán en el ejercicio en función de los objetivos y el alcance definidos en el paso anterior.

Esto generalmente implica aprovechar uno o más de los marcos y metodologías de simulación de APT discutidos anteriormente, como MITRE ATT&CK, Cadena de Eliminación Cibernética o Cadena de Eliminación Unificada.

Al seleccionar y personalizar escenarios de simulación de APT, es importante considerar los siguientes factores:

- **Relevancia:** Los escenarios deben ser relevantes y aplicables al sector, región y perfil de amenazas específicos de la organización, y reflejar los ataques APT más probables y de mayor impacto que pueda enfrentar.
- **Realismo:** Los escenarios deben ser lo más realistas y plausibles posible, basándose en campañas y técnicas APT del mundo real, e incorporar el nivel adecuado de complejidad, sigilo y persistencia.
- **Exhaustividad:** Los escenarios deben cubrir una variedad de tácticas, técnicas y procedimientos a lo largo del ciclo de vida del ataque APT, desde el compromiso inicial hasta la exfiltración de datos y la persistencia a largo plazo.
- **Especificidad:** Los escenarios deben ser específicos y accionables, con indicadores de compromiso (IOC) claros, reglas de detección y procedimientos de respuesta que puedan ser probados y validados durante el ejercicio.

3. Planificar y Preparar la Infraestructura del Ejercicio

Una vez seleccionados y personalizados los escenarios de simulación de APT, el siguiente paso es planificar y preparar la infraestructura y el entorno del ejercicio. Esto generalmente implica configurar un entorno de red y sistemas dedicado e aislado que imite el entorno de producción de la organización pero esté separado y asegurado de datos u operaciones en vivo.

La infraestructura del ejercicio debe incluir todos los componentes de hardware, software y red necesarios para respaldar los escenarios de simulación de APT seleccionados, como:

- Sistemas y aplicaciones objetivo.
- Infraestructura y herramientas del atacante.
- Canales de comando y control (C2).
- Puntos de almacenamiento y exfiltración de datos.
- Sistemas de monitoreo y detección.

La infraestructura del ejercicio también debe incluir controles de acceso adecuados, capacidades de registro y monitoreo, y mecanismos de respaldo y restauración para garantizar la integridad y seguridad de los datos y activos del ejercicio.

Además de la infraestructura técnica, la planificación del ejercicio también debe incluir los siguientes elementos:

- **Roles y responsabilidades:** Los roles y responsabilidades del equipo rojo, el equipo azul y otras partes interesadas deben definirse y comunicarse claramente, incluidos las reglas de enfrentamiento, protocolos de comunicación y procedimientos de escalación.
- **Cronograma y hitos:** El cronograma del ejercicio debe definirse en detalle, incluidas las fases, actividades y hitos específicos de los escenarios de simulación de APT, así como cualquier punto de control, inyección o revisión posterior a la acción.

- **Recolección y análisis de datos:** El plan de recolección y análisis de datos debe definirse, incluidos los tipos y métricas específicos de datos que se recopilarán durante el ejercicio y las herramientas y procesos para analizar e informar sobre los resultados.
- **Gestión de riesgos y planificación de contingencias:** Los riesgos e impactos potenciales del ejercicio de simulación de APT deben evaluarse y gestionarse, incluidos cualquier riesgo legal, ético u operativo. También deben desarrollarse planes de contingencia para manejar cualquier evento inesperado o disruptivo.

4. Ejecutar el Ejercicio de Simulación

Con los objetivos, escenarios e infraestructura en su lugar, el siguiente paso es ejecutar el ejercicio de simulación de APT de acuerdo con el cronograma y las actividades planificadas. Esto generalmente implica las siguientes fases clave:

- **Reconocimiento:** El equipo rojo comienza realizando un reconocimiento pasivo y activo del entorno objetivo, utilizando técnicas como la recopilación de inteligencia de fuentes abiertas (OSINT), el escaneo de redes y la ingeniería social para identificar posibles vulnerabilidades y puntos de entrada.
- **Compromiso Inicial:** El equipo rojo intenta ganar una posición inicial en el entorno objetivo, utilizando técnicas como *spear-phishing*, ataques de *watering hole* o compromiso de la cadena de suministro, y establece canales de persistencia y comando y control (C2).
- **Movimiento Lateral:** El equipo rojo intenta moverse lateralmente a través del entorno objetivo, utilizando técnicas como volcado de credenciales, explotación de vulnerabilidades y abuso de her-

ramientas y protocolos legítimos para ganar acceso a datos y sistemas sensibles.

- **Exfiltración de Datos:** El equipo rojo intenta identificar, recopilar y exfiltrar datos sensibles del entorno objetivo, utilizando técnicas como el almacenamiento de datos, la compresión, el cifrado y la exfiltración a través de canales encubiertos.
- **Persistencia:** El equipo rojo intenta mantener una presencia a largo plazo en el entorno objetivo, creando puertas traseras, modificando configuraciones del sistema y evadiendo controles y detecciones de seguridad.

A lo largo de la fase de ejecución, el equipo azul monitorea y responde a las actividades del equipo rojo, utilizando sus controles de seguridad, procesos y herramientas existentes para detectar, investigar y mitigar el ataque APT simulado. El equipo azul sigue sus planes y procedimientos de respuesta a incidentes y se comunica y coordina con otras partes interesadas según sea necesario.

La fase de ejecución también puede incluir varios puntos de control, inyecciones o escalaciones, dependiendo de los objetivos y escenarios del ejercicio. Por ejemplo, el equipo rojo puede recibir información o herramientas adicionales para simular una amenaza más avanzada o persistente, o el equipo azul puede recibir tareas o desafíos específicos para probar sus capacidades de respuesta.

5. Analizar e Informar sobre los Resultados

Después de completar la fase de ejecución, el paso final es analizar e informar sobre los resultados del ejercicio de simulación de APT. Esto generalmente implica las siguientes actividades:

CAPÍTULO 10: TÉCNICA 9: SIMULACIÓN DE AMENAZAS PERSISTENTES...

- **Recolección y Normalización de Datos:** Los datos y registros sin procesar de la infraestructura y las herramientas del ejercicio se recopilan y normalizan en un formato consistente y utilizable para el análisis.
- **Análisis de Detección y Respuesta:** Se analizan y evalúan las actividades de detección y respuesta del equipo azul, incluidas las alertas, investigaciones y mitigaciones específicas que se realizaron, así como cualquier detección fallida o falso positivo.
- **Análisis de Tácticas, Técnicas y Procedimientos (TTP) del Atacante:** Se analizan las actividades y TTP del equipo rojo y se mapean a los marcos y modelos de simulación de APT relevantes, como MITRE ATT&CK, para identificar las tácticas, técnicas y procedimientos específicos utilizados y cualquier brecha o debilidad en las defensas de la organización.
- **Hallazgos y Recomendaciones Clave:** Se resumen y priorizan los hallazgos y lecciones aprendidas clave del ejercicio, incluidas cualquier vulnerabilidad crítica, configuraciones incorrectas, brechas en los controles y procesos de seguridad de la organización, y recomendaciones para mejorar y remediar.
- **Reporte y Comunicación:** Los resultados del ejercicio se documentan e informan a las partes interesadas relevantes, incluida la alta dirección, los equipos de seguridad y otros tomadores de decisiones clave, utilizando formatos claros y concisos, como resúmenes ejecutivos, informes técnicos y presentaciones.

La fase de análisis y reporte también debe incluir cualquier actividad de seguimiento y acción, como planes de remediación, mejoras de procesos o capacitación y concientización adicional, para garantizar que las lecciones aprendidas del ejercicio se operacionalicen e integren en el programa de seguridad en curso de la organización.

Conclusión

La simulación de APT es una técnica crítica y poderosa para que las organizaciones evalúen, prueben y mejoren sus defensas contra amenazas cibernéticas avanzadas y persistentes. Al diseñar y ejecutar ejercicios de simulación de APT realistas y completos, las organizaciones pueden obtener información valiosa sobre su postura de seguridad, identificar brechas y debilidades en sus controles y procesos, y desarrollar y refinar sus capacidades de detección, respuesta y resiliencia.

Sin embargo, la simulación de APT no es una actividad única ni independiente, sino un proceso continuo e iterativo que requiere una planificación, ejecución y análisis cuidadosos, así como una mejora y adaptación continua basada en el panorama de amenazas en evolución y las necesidades y prioridades cambiantes de la organización.

Para ser efectivos y valiosos, los ejercicios de simulación de APT deben basarse en una comprensión clara del perfil de riesgo específico de la organización, sus activos críticos y los vectores de ataque potenciales, así como en los marcos y metodologías de simulación de APT relevantes, como MITRE ATT&CK, Cadena de Eliminación Cibernética o Cadena de Eliminación Unificada.

Los ejercicios de simulación de APT también deben estar cuidadosamente delimitados, diseñados y ejecutados, con controles y salvaguardias apropiados para garantizar la seguridad, integridad y privacidad de los datos y activos del ejercicio, y minimizar los riesgos operativos, legales o reputacionales.

Finalmente, los ejercicios de simulación de APT deben ser seguidos por un análisis riguroso, reporte y actividades de seguimiento para garantizar que los conocimientos y recomendaciones se traduzcan en mejoras tangibles y medibles en la postura de seguridad de la organización y se integren en la estrategia y el programa de ciberseguridad más amplios.

Al adoptar la simulación de APT como un componente central de su arsenal de ciberseguridad, las organizaciones pueden identificar y mitigar proactivamente sus riesgos y vulnerabilidades más críticos, y construir la resiliencia y agilidad necesarias para defenderse contra el paisaje siempre cambiante de amenazas avanzadas y persistentes.

Capítulo 11: Técnica 10: Arquitectura de Confianza Cero

Introducción

En el panorama digital en constante evolución de hoy, los modelos de seguridad tradicionales basados en el perímetro ya no son suficientes para proteger a las organizaciones del creciente volumen y sofisticación de las amenazas cibernéticas. Con la proliferación de la computación en la nube, los dispositivos móviles y el trabajo remoto, el concepto de un perímetro de red seguro se ha vuelto cada vez más difuso y poroso, exponiendo a las organizaciones a nuevos riesgos y vulnerabilidades.

Para abordar estos desafíos, muchas organizaciones están adoptando un nuevo paradigma de ciberseguridad conocido como Arquitectura de Confianza Cero (ZTA). ZTA es un enfoque estratégico que asume que ningún usuario, dispositivo o red debe ser confiado implícitamente, y que cada solicitud de acceso debe ser autenticada, autorizada y cifrada continuamente en base a políticas de seguridad granulares y evaluaciones de riesgo dinámicas.

Los principios fundamentales de la Confianza Cero incluyen:

- **Nunca confiar, siempre verificar:** Por defecto, todos los usuarios, dispositivos y redes se consideran no confiables y deben ser autenticados y autorizados continuamente antes de concederles acceso a cualquier recurso.
- **Acceso de menor privilegio:** Los usuarios y dispositivos reciben el nivel mínimo de acceso necesario para realizar sus funciones, basado en políticas de seguridad granulares y evaluaciones de riesgo dinámicas.
- **Micro-segmentación:** Las redes y recursos se dividen en segmentos más pequeños e independientes basados en su sensibilidad y criticidad, y se utilizan controles de acceso estrictos y monitoreo entre segmentos.
- **Monitoreo y adaptación continua:** Las políticas de seguridad y las evaluaciones de riesgo se actualizan y adaptan continuamente en base a datos y análisis en tiempo real para detectar y responder a amenazas y anomalías emergentes.

Al adoptar un enfoque de Confianza Cero, las organizaciones pueden reducir significativamente su superficie de ataque, mejorar su visibilidad y control sobre sus activos y datos de TI, y mejorar su postura general de seguridad y resiliencia contra los ataques cibernéticos.

Sin embargo, implementar la Confianza Cero es un proceso complejo. Es un viaje a largo plazo e iterativo que requiere una planificación cuidadosa, ejecución, gobernanza y cambios significativos en la tecnología, procesos y cultura de una organización.

Este capítulo explorará la Arquitectura de Confianza Cero, sus conceptos clave, principios y componentes, y proporcionará una guía paso a paso para las organizaciones que buscan adoptar e implementar la Confianza Cero en sus entornos. Examinaremos los beneficios y desafíos de la Confianza Cero y discutiremos ejemplos del mundo real y estudios de caso de organizaciones que han adoptado con éxito este nuevo paradigma para la ciberseguridad.

Ya sea que seas un profesional de seguridad que busca modernizar y optimizar la arquitectura de seguridad de tu organización o un líder empresarial que busca comprender las implicaciones y oportunidades de la Confianza Cero para tu organización, este capítulo te proporcionará los conocimientos y perspectivas que necesitas para navegar este cambio crítico y transformador en el pensamiento y la práctica de la ciberseguridad.

CAPÍTULO 11: TÉCNICA 10: ARQUITECTURA DE CONFIANZA CERO

Comprendiendo la Arquitectura de Confianza Cero

En su esencia, la Arquitectura de Confianza Cero es un modelo de ciberseguridad que asume que ningún usuario, dispositivo o red debe ser confiado implícitamente, y que cada solicitud de acceso debe ser autenticada, autorizada y cifrada continuamente en base a políticas de seguridad granulares y evaluaciones de riesgo dinámicas.

Esto representa un cambio fundamental respecto a los modelos tradicionales de seguridad basados en el perímetro, que asumen que todo dentro del perímetro de la red es confiable y todo fuera es no confiable. En un modelo de Confianza Cero, el perímetro de la red ya no es el enfoque principal de la seguridad, sino los usuarios, dispositivos y recursos individuales que deben ser protegidos, independientemente de su ubicación o red.

Los principios fundamentales de la Arquitectura de Confianza Cero incluyen:

1. Nunca confiar, siempre verificar

El primer y más fundamental principio de la Confianza Cero es no confiar nunca en ningún usuario, dispositivo o red por defecto y siempre verificar su identidad y postura de seguridad antes de conceder acceso a cualquier recurso. Cada solicitud de acceso, ya sea dentro o fuera de la red, debe ser autenticada y autorizada en base a políticas de seguridad granulares y evaluaciones de riesgo dinámicas.

En un modelo de Confianza Cero, la autenticación y la autorización no son eventos únicos, sino procesos continuos que se repiten a lo largo de la sesión del usuario o dispositivo. Esto asegura que la postura de seguridad del usuario o dispositivo sea constantemente monitoreada y validada, y que cualquier cambio o anomalía pueda ser detectado y respondido rápidamente.

2. Acceso de menor privilegio

El segundo principio de la Confianza Cero es otorgar a los usuarios y dispositivos el nivel mínimo de acceso requerido para realizar sus funciones previstas, basado en políticas de seguridad granulares y evaluaciones de riesgo dinámicas. Esto significa que los usuarios y dispositivos solo reciben acceso a los recursos y datos específicos que necesitan para hacer su trabajo y nada más.

El acceso de menor privilegio ayuda a reducir la superficie de ataque y minimizar el impacto de posibles violaciones o compromisos al limitar el alcance y la duración de cualquier acceso no autorizado. También ayuda a hacer cumplir el principio de separación de funciones al asegurar que ningún usuario o dispositivo tenga control completo sobre recursos o datos sensibles.

3. Micro-segmentación

El tercer principio de la Confianza Cero es dividir las redes y recursos en segmentos más pequeños e independientes basados en su sensibilidad y criticidad, con controles de acceso estrictos y monitoreo entre segmentos. Esto ayuda a prevenir el movimiento lateral de los atacantes dentro de la red al limitar su capacidad de moverse entre diferentes segmentos y recursos.

La micro-segmentación se puede lograr a través de varias técnicas, como la virtualización de red, la red definida por software y la contenedorización. Al crear segmentos más pequeños y granulares basados en aplicaciones específicas, datos o grupos de usuarios, las organizaciones pueden aplicar políticas y controles de seguridad más dirigidos y efectivos y reducir el radio de explosión de posibles violaciones o compromisos.

4. Monitoreo y adaptación continua

El cuarto y último principio de la Confianza Cero es monitorear y adaptar continuamente las políticas de seguridad y las evaluaciones de riesgo en base a datos y análisis en tiempo real para detectar y responder a amenazas y anomalías emergentes. Esto significa que la seguridad no es un proceso estático o único, sino un ciclo dinámico y continuo de monitoreo, análisis y ajuste.

El monitoreo y adaptación continua se pueden lograr a través de varias técnicas, como la gestión de información y eventos de seguridad (SIEM), el análisis de comportamiento de usuarios y entidades (UEBA) y el aprendizaje automático. Al recopilar y analizar datos de múltiples fuentes, como registros de red, sensores de *endpoint* y *feeds* de inteligencia de amenazas, las organizaciones pueden obtener una visión más integral y en tiempo real de su postura de seguridad y rápidamente identificar y responder a cualquier amenaza o anomalía potencial.

Componentes de la Arquitectura de Confianza Cero

Para implementar efectivamente la Arquitectura de Confianza Cero, las organizaciones deben considerar varios componentes y tecnologías que trabajan juntos para habilitar la autenticación, autorización y cifrado continuos en todos los usuarios, dispositivos y redes. Algunos de los componentes clave de la Arquitectura de Confianza Cero incluyen:

1. Gestión de Identidad y Acceso (IAM)

La Gestión de Identidad y Acceso es un componente crítico de la Arquitectura de Confianza Cero, ya que permite a las organizaciones autenticar y autorizar a los usuarios y dispositivos en base a su identidad y postura de seguridad, en lugar de su ubicación en la red o dirección IP. IAM incluye una variedad de tecnologías y procesos, tales como:

- **Autenticación multifactor (MFA):** Requiere que los usuarios proporcionen múltiples formas de identificación, como una contraseña y una huella digital o un token de seguridad, para verificar su identidad y reducir el riesgo de acceso no autorizado.
- **Inicio de sesión único (SSO):** Permite a los usuarios acceder a múltiples aplicaciones y servicios con un solo conjunto de credenciales, reduciendo la necesidad de múltiples contraseñas y mejorando la experiencia del usuario.
- **Gestión de acceso privilegiado (PAM):** Proporciona controles granulares y monitoreo sobre usuarios y cuentas privilegiadas, como administradores y superusuarios, para prevenir abusos y accesos no autorizados.
- **Autenticación adaptativa:** Ajusta el nivel requerido de autenticación en base al comportamiento, ubicación y dispositivo del usuario, equilibrando la seguridad y la usabilidad.

2. Segmentación de Red y Control de Acceso

La segmentación de red y el control de acceso son componentes críticos de la Arquitectura de Confianza Cero, ya que permiten a las organizaciones dividir sus redes y recursos en segmentos más pequeños e independientes en base a su sensibilidad y criticidad, y aplicar controles de acceso granulares y monitoreo entre segmentos. La segmentación de red y el control de acceso incluyen una variedad de tecnologías y procesos, tales como:

- **VLANs (Redes de Área Local Virtual) y VPNs (Redes Privadas Virtuales):** Permiten a las organizaciones crear segmentación e aislamiento lógicos entre diferentes partes de la red en base a aplicaciones, datos o grupos de usuarios específicos.
- **Red definida por software (SDN) y virtualización de funciones de red (NFV):** Permiten a las organizaciones controlar y automatizar programáticamente su infraestructura y servicios de red, y aplicar políticas de acceso dinámicas y granulares basadas en datos y análisis en tiempo real.
- *Firewalls* **de próxima generación (NGFWs) y** *firewalls* **de aplicaciones web (WAFs):** Proporcionan características y controles de seguridad avanzados, como la inspección profunda de paquetes, el conocimiento de aplicaciones y la inteligencia de amenazas, para detectar y bloquear accesos no autorizados y tráfico malicioso.
- **Corredores de seguridad de acceso a la nube (CASBs):** Proporcionan visibilidad y control sobre aplicaciones y servicios en la nube, y hacen cumplir políticas de seguridad y estándares de cumplimiento en múltiples entornos en la nube.

3. Seguridad y Gestión de *Endpoints*

La seguridad y gestión de *endpoints* son componentes críticos de la Arquitectura de Confianza Cero, ya que permiten a las organizaciones asegurar y controlar los dispositivos y *endpoints* que acceden a sus redes y recursos, independientemente de su ubicación o propiedad. La seguridad y gestión de *endpoints* incluyen una variedad de tecnologías y procesos, tales como:

- **Detección y respuesta de *endpoints* (EDR):** Proporciona capacidades avanzadas de detección y respuesta de amenazas para *endpoints*, como *laptops, smartphones* y dispositivos IoT, para identificar y bloquear actividades y comportamientos maliciosos.
- **Gestión de dispositivos móviles (MDM) y gestión de movilidad empresarial (EMM):** Permiten a las organizaciones asegurar y gestionar dispositivos y aplicaciones móviles, y hacer cumplir políticas de seguridad y estándares de cumplimiento en múltiples plataformas y sistemas operativos.
- **Listas blancas y listas negras de aplicaciones:** Permiten a las organizaciones controlar qué aplicaciones y procesos se permiten ejecutar en los endpoints, en base a su postura de seguridad y perfil de riesgo.
- **Gestión de parches y vulnerabilidades:** Asegura que los *endpoints* estén actualizados con los últimos parches y correcciones de seguridad, e identifica y remedia cualquier vulnerabilidad o mala configuración que los atacantes puedan explotar.

4. Protección y Cifrado de Datos

La protección y cifrado de datos son componentes críticos de la Arquitectura de Confianza Cero, ya que permiten a las organizaciones asegurar y proteger sus datos sensibles y propiedad intelectual, independientemente de dónde resida o cómo se acceda a ellos. La protección y cifrado de datos incluyen una variedad de tecnologías y procesos, tales como:

- **Clasificación y etiquetado de datos:** Permiten a las organizaciones identificar y categorizar sus datos en base a su sensibilidad y criticidad, y aplicar controles y políticas de seguridad apropiados en base a su clasificación.
- **Prevención de pérdida de datos (DLP):** Proporciona monitoreo y bloqueo en tiempo real de datos sensibles a medida que se mueven a través de redes, *endpoints* y servicios en la nube, para prevenir el acceso, exfiltración o divulgación no autorizados.
- **Cifrado y tokenización:** Protege los datos en reposo y en tránsito utilizando algoritmos de cifrado robustos y prácticas de gestión de claves, y reemplaza los datos sensibles con tokens sin sentido para reducir el riesgo de exposición o robo.
- **Borde de servicio de acceso seguro (SASE):** Combina funciones de seguridad de red, como una puerta de enlace web segura, un corredor de seguridad de acceso a la nube y acceso a la red de confianza cero, con capacidades WAN para proporcionar acceso seguro y continuo a aplicaciones y datos desde cualquier dispositivo o ubicación.

5. Monitoreo y Análisis Continuo

El monitoreo y análisis continuo son componentes críticos de la Arquitectura de Confianza Cero, ya que permiten a las organizaciones detectar y responder a amenazas y anomalías emergentes en tiempo real, en base a conocimientos e inteligencia basados en datos. El monitoreo y análisis continuo incluyen una variedad de tecnologías y procesos, tales como:

- **Gestión de información y eventos de seguridad (SIEM):** Recopila y analiza datos de registros de múltiples fuentes, como redes, *endpoints* y aplicaciones, para identificar e investigar posibles incidentes y amenazas de seguridad.
- **Análisis de comportamiento de usuarios y entidades (UEBA):** Utiliza aprendizaje automático y análisis estadístico para detectar y alertar sobre comportamientos anómalos o sospechosos de usuarios y dispositivos, como intentos de inicio de sesión inusuales, patrones de acceso a datos o tráfico de red.
- **Inteligencia y caza de amenazas:** Implica buscar e investigar proactivamente posibles amenazas y vulnerabilidades en el entorno de TI de la organización, utilizando fuentes internas y externas de datos e inteligencia de amenazas.
- **Orquestación, automatización y respuesta de seguridad (SOAR):** Automatiza y orquesta procesos y flujos de trabajo de seguridad, como respuesta a incidentes, caza de amenazas y gestión de vulnerabilidades, para mejorar la velocidad y efectividad de las operaciones de seguridad.

Al aprovechar estos y otros componentes de la Arquitectura de Confianza Cero, las organizaciones pueden crear un entorno de TI más seguro, ágil y resiliente que pueda adaptarse al panorama de amenazas en constante cambio y apoyar las necesidades de los negocios digitales modernos.

Beneficios y Desafíos de la Confianza Cero

Adoptar una Arquitectura de Confianza Cero puede proporcionar a las organizaciones muchos beneficios, incluyendo una mejor postura de seguridad y agilidad empresarial. Sin embargo, también conlleva desafíos y consideraciones que las organizaciones deben conocer y planificar.

Beneficios de la Confianza Cero:

1. Superficie de Ataque Reducida

Uno de los principales beneficios de la Confianza Cero es que reduce significativamente la superficie de ataque de una organización al eliminar la confianza implícita y aplicar controles de acceso granulares y segmentación. Al tratar a cada usuario, dispositivo y red como no confiables por defecto y requerir autenticación y autorización continuas, la Confianza Cero hace mucho más difícil que los atacantes obtengan acceso no autorizado o se muevan lateralmente dentro de la red.

Esto es particularmente importante en los entornos de TI hiperconectados y distribuidos de hoy, donde los modelos tradicionales de seguridad basados en el perímetro ya no son efectivos para prevenir amenazas avanzadas y ataques internos. Al adoptar un enfoque de Confianza Cero, las organizaciones pueden minimizar su exposición a riesgos cibernéticos y mejorar su postura general de seguridad.

2. Mejor Visibilidad y Control

Otro beneficio clave de la Confianza Cero es que proporciona a las organizaciones una mayor visibilidad y control sobre sus usuarios, dispositivos y datos, independientemente de su ubicación o red. Al monitorear y analizar continuamente el comportamiento de usuarios y dispositivos y el tráfico de red y aplicaciones, la Confianza Cero permite a las organizaciones detectar y responder a posibles amenazas y anomalías en tiempo real.

Esto es particularmente importante en el mundo actual, centrado en la nube y la movilidad, donde los datos y las aplicaciones están cada vez más distribuidos en múltiples entornos y se accede a ellos desde varios dispositivos y ubicaciones. Al adoptar un enfoque de Confianza Cero, las organizaciones pueden obtener una visión más integral y granular de sus activos y actividades de TI y tomar decisiones de seguridad más informadas y efectivas.

3. Mejor Experiencia y Productividad del Usuario

Contrariamente a la creencia popular, la Confianza Cero puede mejorar la experiencia y productividad del usuario al proporcionar a los usuarios un acceso más continuo y seguro a las aplicaciones y datos que necesitan para hacer su trabajo. Al aprovechar tecnologías como el inicio de sesión único, la autenticación multifactor y la autenticación adaptativa, la Confianza Cero puede reducir la fricción y complejidad de acceder a los recursos corporativos, manteniendo al mismo tiempo controles de seguridad sólidos.

Esto es particularmente importante en los entornos de trabajo remoto e híbrido de hoy, donde los usuarios necesitan poder acceder a los recursos corporativos desde cualquier lugar, en cualquier momento y en cualquier dispositivo. Al adoptar un enfoque de Confianza Cero, las organizaciones pueden proporcionar a sus usuarios una experiencia de trabajo más flexible y ágil, al tiempo que garantizan la seguridad e integridad de sus datos y sistemas.

4. Mejor Cumplimiento y Gobernanza

La Confianza Cero también puede ayudar a las organizaciones a mejorar su postura de cumplimiento y gobernanza al proporcionar un enfoque más estandarizado y coherente para la seguridad en todos los usuarios, dispositivos y redes. Al aplicar controles y políticas de acceso granulares en base a roles de usuario, tipos de dispositivos y clasificaciones de datos, la Confianza Cero puede ayudar a las organizaciones a demostrar cumplimiento con estándares de la industria y regulaciones, como HIPAA, PCI-DSS y GDPR.

Esto es particularmente importante en el entorno empresarial altamente regulado y litigioso de hoy, donde las organizaciones están bajo una presión creciente para proteger datos sensibles y mantener controles de seguridad y privacidad estrictos. Al adoptar un enfoque de Confianza Cero, las organizaciones pueden reducir su riesgo de violaciones de datos, multas y responsabilidades legales, y construir una mayor confianza y confianza con sus clientes, socios y partes interesadas.

Desafíos de la Confianza Cero:

1. Complejidad e Integración

Uno de los principales desafíos de implementar la Confianza Cero es la complejidad e integración requeridas para que funcione efectivamente en todos los usuarios, dispositivos y redes. La Confianza Cero requiere una coordinación y colaboración significativas entre múltiples equipos y tecnologías, como la gestión de identidad y acceso, la segmentación de red, la seguridad de *endpoints* y la protección de datos.

Esto puede ser particularmente desafiante para las organizaciones con infraestructuras de TI heredadas y herramientas y procesos de seguridad fragmentados, que pueden no integrarse o automatizarse fácilmente. Las organizaciones pueden necesitar invertir en nuevas tecnologías, habilidades y procesos para apoyar una arquitectura de Confianza Cero y pueden enfrentar resistencia o retroceso de las partes interesadas internas que están acostumbradas a los modelos de seguridad tradicionales.

2. Rendimiento y Escalabilidad

Otro desafío de la Confianza Cero es asegurar un rendimiento y escalabilidad adecuados, particularmente para entornos de TI grandes y complejos. La Confianza Cero puede introducir latencia y sobrecarga adicionales al tráfico de red y aplicaciones al requerir autenticación y autorización continuas para cada solicitud de acceso, lo que puede impactar la experiencia y productividad del usuario.

Las organizaciones pueden necesitar invertir en infraestructura y herramientas de seguridad de alto rendimiento y escalables para apoyar una arquitectura de Confianza Cero y planificar y probar cuidadosamente sus despliegues de Confianza Cero para asegurar que puedan manejar la carga y complejidad aumentadas.

3. Habilidades y Experiencia

Implementar y gestionar una arquitectura de Confianza Cero requiere habilidades y experiencia significativas, particularmente en gestión de identidad y acceso, segmentación de red y protección de datos. Las organizaciones pueden necesitar invertir en programas de formación y desarrollo para mejorar las habilidades de sus equipos de seguridad y TI existentes o contratar nuevo talento con habilidades y experiencia especializadas en Confianza Cero.

Esto puede ser particularmente desafiante en el mercado laboral de ciberseguridad altamente competitivo y en rápida evolución de hoy, donde los profesionales calificados están en alta demanda y escasa oferta. Las organizaciones pueden necesitar ofrecer paquetes de compensación y beneficios competitivos, así como oportunidades de crecimiento y desarrollo, para atraer y retener el talento de Confianza Cero de primera categoría.

4. Cultura y Mentalidad

Finalmente, adoptar una arquitectura de Confianza Cero requiere un cambio significativo en la cultura y mentalidad dentro de los equipos de seguridad y TI y en toda la organización. La Confianza Cero desafía las suposiciones y prácticas tradicionales sobre la confianza y el acceso y requiere un enfoque más colaborativo y transversal de la seguridad que involucre a todas las partes interesadas y usuarios.

Esto puede ser particularmente desafiante para las organizaciones con una fuerte cultura de confianza y autonomía, o con una historia de prácticas de seguridad fragmentadas y reactivas. Las organizaciones pueden necesitar invertir en programas de gestión del cambio y comunicación para educar e involucrar a sus empleados y partes interesadas sobre los beneficios y requisitos de la Confianza Cero, y para construir una cultura de responsabilidad y rendición de cuentas compartida para la seguridad.

A pesar de estos desafíos, los beneficios de la Confianza Cero son cada vez más convincentes para organizaciones de todos los tamaños e industrias, a medida que buscan adaptarse al panorama de amenazas en constante cambio y apoyar las necesidades de los negocios digitales modernos. Al planificar y ejecutar cuidadosamente una estrategia de Confianza Cero y abordar los desafíos y consideraciones clave descritos anteriormente, las organizaciones pueden desbloquear el potencial completo de este enfoque poderoso y transformador para la ciberseguridad.

Implementación de la Confianza Cero: Una Guía Paso a Paso

Implementar una Arquitectura de Confianza Cero es un proceso complejo e iterativo que requiere una planificación, ejecución y gobernanza cuidadosas. Si bien los pasos y actividades específicos variarán según el contexto único, el perfil de riesgo y el nivel de madurez de una organización, varias fases típicas y mejores prácticas pueden ayudar a guiar una implementación exitosa de la Confianza Cero.

1. Evaluar y Planificar

La primera fase de una implementación de Confianza Cero es evaluar la postura de seguridad actual y el nivel de madurez de la organización y desarrollar un plan y una hoja de ruta completos para adoptar la Confianza Cero. Esto generalmente implica las siguientes actividades:

CAPÍTULO 11: TÉCNICA 10: ARQUITECTURA DE CONFIANZA CERO

- **Realizar una evaluación de preparación para la Confianza Cero:** Evaluar los controles de seguridad, procesos y tecnologías existentes de la organización en comparación con los principios y componentes fundamentales de la Confianza Cero e identificar cualquier brecha o debilidad que deba abordarse.
- **Definir casos de uso y prioridades de la Confianza Cero:** Identificar los casos de uso de negocios y seguridad específicos que la Confianza Cero puede ayudar a apoyar, como el acceso remoto seguro, la migración a la nube o el cumplimiento, y priorizarlos en base a su valor y viabilidad.
- **Desarrollar una arquitectura y una hoja de ruta de la Confianza Cero:** Diseñar una arquitectura de alto nivel y una hoja de ruta para implementar la Confianza Cero en el entorno de TI de la organización, incluidos los componentes, tecnologías y hitos clave requeridos para lograr el estado final deseado.
- **Establecer gobernanza y métricas:** Definir la estructura de gobernanza, roles y responsabilidades para gestionar y supervisar la implementación de la Confianza Cero, así como los indicadores clave de rendimiento (KPI) y métricas para medir su éxito e impacto.

2. Diseñar y Construir

La segunda fase de una implementación de Confianza Cero es diseñar y construir los componentes y capacidades centrales requeridos para habilitar la Confianza Cero en el entorno de TI de la organización. Esto generalmente implica las siguientes actividades:

- **Implementar gestión de identidad y acceso:** Desplegar y configurar las tecnologías y procesos de IAM necesarios, como la

autenticación multifactor, el inicio de sesión único y la gestión de acceso privilegiado, para habilitar la autenticación y autorización continuas de usuarios y dispositivos.
- **Segmentar y asegurar redes:** Diseñar e implementar políticas y tecnologías de segmentación de red y control de acceso, como VLANs, VPNs y SDN, para aislar y proteger recursos y datos sensibles en base a su criticidad y nivel de riesgo.
- **Asegurar *endpoints* y dispositivos:** Desplegar y configurar tecnologías y procesos de seguridad y gestión de *endpoints*, como EDR, MDM y listas blancas de aplicaciones, para monitorear y proteger continuamente los dispositivos y *endpoints* que acceden a los recursos y datos de la organización.
- **Proteger y cifrar datos:** Implementar tecnologías y procesos de protección y cifrado de datos, como la clasificación de datos, DLP y cifrado, para asegurar datos sensibles en reposo, en tránsito y en uso en todo el entorno de TI de la organización.

3. Integrar y Automatizar

La tercera fase de una implementación de Confianza Cero es integrar y automatizar los diversos componentes y capacidades de la Confianza Cero para habilitar operaciones de seguridad más continuas y eficientes. Esto generalmente implica las siguientes actividades:

- **Integrar herramientas y datos de seguridad:** Conectar e integrar las diversas herramientas y tecnologías de seguridad utilizadas para la Confianza Cero, como SIEM, UEBA y SOAR, para habilitar una visión más integral y en tiempo real de la postura de seguridad y el nivel de riesgo de la organización.
- **Automatizar procesos y flujos de trabajo de seguridad:** Desar-

rollar e implementar procesos y flujos de trabajo de seguridad automatizados, como respuesta a incidentes, caza de amenazas y gestión de vulnerabilidades, para mejorar la velocidad y efectividad de las operaciones de seguridad.
- **Habilitar monitoreo y análisis continuos:** Implementar capacidades de monitoreo y análisis continuos, como tableros de seguridad, informes y alertas, para proporcionar visibilidad e información en tiempo real sobre la postura de seguridad y el nivel de riesgo de la organización.
- **Establecer un centro de operaciones de Confianza Cero:** Establecer un centro de operaciones de Confianza Cero o un equipo dedicado, responsable de gestionar y supervisar las operaciones diarias y la mejora continua de la implementación de la Confianza Cero de la organización.

4. Probar y Validar

La cuarta fase de una implementación de Confianza Cero es probar y validar la efectividad y resiliencia de la arquitectura y los controles de la Confianza Cero para asegurarse de que funcionan como se espera y proporcionan el nivel deseado de seguridad y reducción de riesgos. Esto generalmente implica las siguientes actividades:

- **Realizar pruebas de penetración y ejercicios de equipo rojo:** Realizar pruebas de penetración regulares y ejercicios de equipo rojo para simular ataques del mundo real e identificar brechas o debilidades en la arquitectura y controles de la Confianza Cero.
- **Realizar evaluaciones de seguridad continuas:** Realizar evaluaciones y auditorías de seguridad continuas, como escaneos de vulnerabilidades, revisiones de configuración y revisiones de

acceso, para validar la efectividad continua y el cumplimiento de la implementación de la Confianza Cero.
- **Medir y reportar métricas de la Confianza Cero:** Recopilar y analizar datos sobre los KPIs y métricas clave establecidos en la fase de planificación para medir el éxito e impacto de la implementación de la Confianza Cero e identificar áreas de mejora y optimización.
- **Realizar ejercicios de mesa y simulaciones:** Realizar ejercicios de mesa y simulaciones regulares con partes interesadas y usuarios clave para probar y validar las capacidades de respuesta y recuperación ante incidentes de la Confianza Cero de la organización e identificar brechas o áreas de mejora.

5. Optimizar y Madurar

La fase final de una implementación de Confianza Cero es optimizar y madurar continuamente la arquitectura y operaciones de la Confianza Cero en base a las lecciones aprendidas y los comentarios recibidos de las fases anteriores. Esto generalmente implica las siguientes actividades:

- **Refinar y actualizar políticas y procedimientos de Confianza Cero:** Revisar y actualizar regularmente las políticas, procedimientos y estándares de la Confianza Cero en base a los cambios en el negocio, la tecnología y el panorama de riesgos de la organización, así como los comentarios de los usuarios y las partes interesadas.
- **Mejorar y expandir las capacidades de la Confianza Cero:** Explorar y adoptar continuamente nuevas tecnologías y capacidades de la Confianza Cero, como SASE, acceso a la red de confianza cero (ZTNA) y borde de servicio de acceso seguro (SASE), para mejorar la postura de seguridad y agilidad de la organización.

- **Fomentar una cultura y mentalidad de Confianza Cero:** Desarrollar e implementar programas de formación, concienciación y gestión del cambio para fomentar una cultura y mentalidad de Confianza Cero en toda la organización y asegurar que todos los usuarios y partes interesadas sean conscientes y estén comprometidos con los principios y prácticas de la Confianza Cero.
- **Colaborar y compartir mejores prácticas:** Involucrarse con pares de la industria, socios y expertos para compartir mejores prácticas, lecciones aprendidas e innovaciones en Confianza Cero, y colaborar en iniciativas y estándares conjuntos para avanzar en el estado del arte.

Siguiendo estos pasos y mejores prácticas, las organizaciones pueden planificar, implementar y madurar efectivamente su arquitectura y operaciones de Confianza Cero, y lograr una mejor seguridad, agilidad y resiliencia frente a las amenazas cibernéticas y desafíos en constante evolución.

Historias de Éxito de la Adopción de la Confianza Cero

Para ilustrar el valor e impacto de la Confianza Cero en la práctica, veamos ejemplos y estudios de caso del mundo real de organizaciones que han adoptado e implementado con éxito la Confianza Cero en sus entornos.

1. Estudio de Caso: Google BeyondCorp

Uno de los ejemplos más conocidos e influyentes de la Confianza Cero en acción es la iniciativa BeyondCorp de Google. Lanzada en 2011, BeyondCorp es una arquitectura y marco de Confianza Cero integral que permite a los empleados de Google acceder de manera segura a aplicaciones y datos corporativos desde cualquier dispositivo, en cualquier lugar, sin necesidad de una VPN tradicional o un perímetro de red.

En el corazón de BeyondCorp se encuentra un conjunto de principios y componentes que se alinean con los principios fundamentales de la Confianza Cero, incluidos:

- **Inventario y confianza de dispositivos:** Todos los dispositivos que acceden a los recursos corporativos de Google se inventarían y se les asigna un nivel de confianza basado en su postura de seguridad y cumplimiento con las políticas y estándares de dispositivos de Google.
- **Autenticación y autorización de usuarios:** Todos los usuarios deben autenticarse utilizando métodos de autenticación multi-factor sólidos y se les autoriza a acceder a aplicaciones y datos específicos en base a su identidad de usuario, rol y contexto.
- **Segmentación y aislamiento de red:** La red corporativa de Google se segmenta en múltiples zonas de confianza en base a la sensibilidad y criticidad de sus recursos y datos, con controles de acceso y monitoreo estrictos entre zonas.
- **Cifrado e inspección de tráfico:** Todo el tráfico entre dispositivos y aplicaciones se cifra e inspecciona utilizando las herramientas y protocolos de seguridad de Google para prevenir la fuga de datos y detectar actividades maliciosas o sospechosas.

CAPÍTULO 11: TÉCNICA 10: ARQUITECTURA DE CONFIANZA CERO

Al implementar BeyondCorp, Google ha reducido significativamente su superficie de ataque y mejorado su postura de seguridad, al mismo tiempo que permite a sus empleados trabajar de manera más flexible y productiva desde cualquier ubicación o dispositivo. Google también ha publicado en código abierto muchas de las herramientas y tecnologías utilizadas en BeyondCorp, como sus marcos de Transparencia de Acceso y Aprobación de Acceso, para ayudar a otras organizaciones a adoptar e implementar sus propias arquitecturas de Confianza Cero.

2. Estudio de Caso: El Viaje de Confianza Cero de Coca-Cola

Otro ejemplo notable de adopción de la Confianza Cero es el viaje de Confianza Cero en curso de Coca-Cola, que comenzó en 2017 como parte de la estrategia más amplia de transformación digital y migración a la nube de la compañía. El enfoque de Confianza Cero de Coca-Cola se basa en el acceso de menor privilegio, la micro-segmentación y el monitoreo y adaptación continuos, y está habilitado por una gama de tecnologías y procesos, incluyendo:

- **Gestión de identidad y acceso:** Coca-Cola ha implementado una plataforma centralizada de IAM que proporciona inicio de sesión único, autenticación multifactor y políticas de acceso basadas en riesgos en todas sus aplicaciones y datos, tanto locales como en la nube.
- **Perímetro definido por software:** Coca-Cola ha adoptado un enfoque de perímetro definido por software que utiliza políticas de acceso basadas en la identidad y cifrado para asegurar el acceso a sus aplicaciones y datos, independientemente de la ubicación o dispositivo del usuario.
- **Micro-segmentación:** Coca-Cola ha segmentado su red y aplicaciones en múltiples micro-perímetros en base a su función

comercial y nivel de riesgo, con controles de acceso granulares y monitoreo entre segmentos.
- **Monitoreo y respuesta continuos:** Coca-Cola ha implementado un centro de operaciones de seguridad que proporciona capacidades de monitoreo y respuesta 24/7, utilizando herramientas avanzadas de análisis y automatización para detectar y responder a posibles amenazas y anomalías en tiempo real.

Al adoptar un enfoque de Confianza Cero, Coca-Cola ha mejorado su postura y resiliencia de seguridad, al tiempo que permite a sus empleados y socios acceder a los recursos y datos que necesitan para hacer su trabajo, independientemente de la ubicación o dispositivo. Coca-Cola también ha podido optimizar sus operaciones de seguridad y reducir costos al consolidar sus herramientas y procesos de seguridad y automatizar muchas de sus tareas y flujos de trabajo manuales.

3. Estudio de Caso: Marco de Seguridad de Confianza Cero de Akamai

Akamai, un proveedor líder de servicios de seguridad y entrega en la nube, también ha adoptado la Confianza Cero como una parte central de su estrategia y ofertas de seguridad. El Marco de Seguridad de Confianza Cero de Akamai es un conjunto integral de tecnologías y servicios que permiten a las organizaciones asegurar el acceso a sus aplicaciones y datos, tanto locales como en la nube, utilizando un enfoque de Confianza Cero.

El Marco de Seguridad de Confianza Cero de Akamai incluye una variedad de componentes y capacidades, tales como:

- **Acceso a Aplicaciones Empresariales:** Un servicio de acceso a la red

de confianza cero (ZTNA) basado en la nube que proporciona acceso seguro basado en la identidad a aplicaciones y datos empresariales sin necesidad de una VPN o perímetro de red.
- **Protector de Amenazas Empresariales:** Un servicio de puerta de enlace web segura basado en la nube que proporciona capacidades avanzadas de protección contra amenazas y prevención de pérdida de datos (DLP), utilizando aprendizaje automático e inteligencia de amenazas en tiempo real para detectar y bloquear tráfico malicioso y intentos de exfiltración de datos.
- **Nube de Identidad de Akamai:** Un servicio de gestión de identidad y acceso basado en la nube que proporciona inicio de sesión único, autenticación multifactor y políticas de acceso adaptativas en todas las aplicaciones y servicios de Akamai y de terceros.
- **Plataforma de Borde Inteligente de Akamai:** Una plataforma de computación en el borde distribuida globalmente que proporciona entrega segura y confiable de aplicaciones y datos, utilizando tecnologías avanzadas de seguridad y optimización del rendimiento, como *firewalls* de aplicaciones web (WAFs), gestión de bots y redes de entrega de contenido (CDNs).

Al aprovechar el Marco de Seguridad de Confianza Cero de Akamai, las organizaciones pueden lograr un enfoque más seguro, ágil y escalable para el acceso a aplicaciones y datos, al tiempo que reducen la complejidad y los costos asociados con las arquitecturas de seguridad de red tradicionales. Akamai también ha integrado su Marco de Seguridad de Confianza Cero con plataformas y servicios en la nube líderes, como Microsoft Azure y Google Cloud, para proporcionar una experiencia de seguridad continua y consistente en entornos híbridos y multinube.

Estos estudios de caso demuestran el valor significativo e impacto de la Confianza Cero al permitir que las organizaciones logren una postura de seguridad más segura, ágil y resiliente, al tiempo que apoyan las necesidades de los negocios y fuerzas de trabajo digitales modernos. Al adoptar un enfoque de Confianza Cero, las organizaciones pueden reducir su superficie de ataque, mejorar su visibilidad y control, y mejorar su experiencia y productividad del usuario, mientras se adaptan al panorama de amenazas y regulaciones en constante cambio.

Conclusión

En este capítulo, hemos explorado los principios, componentes y beneficios de la Arquitectura de Confianza Cero como un enfoque poderoso y transformador para la ciberseguridad en la era digital. Hemos visto cómo la Confianza Cero desafía las suposiciones y prácticas tradicionales sobre la confianza y el acceso y permite a las organizaciones lograr una postura de seguridad más segura, ágil y resiliente al verificar y autorizar continuamente a cada usuario, dispositivo y solicitud de acceso.

Hemos examinado los componentes y capacidades clave de la Confianza Cero, incluyendo la gestión de identidad y acceso, la segmentación de red y el control de acceso, la seguridad y gestión de *endpoints*, la protección y cifrado de datos, y el monitoreo y análisis continuos. También hemos discutido los beneficios y desafíos de implementar la Confianza Cero y proporcionado una guía paso a paso para planificar, diseñar, construir, integrar, probar y optimizar una arquitectura y operaciones de Confianza Cero.

CAPÍTULO 11: TÉCNICA 10: ARQUITECTURA DE CONFIANZA CERO

Finalmente, hemos visto varios ejemplos del mundo real y estudios de caso de organizaciones que han adoptado e implementado con éxito la Confianza Cero, como Google, Coca-Cola y Akamai, y el valor e impacto significativo que han logrado en términos de seguridad mejorada, agilidad y experiencia del usuario.

Como hemos visto a lo largo de este capítulo, la Confianza Cero representa un cambio de paradigma significativo en la forma en que las organizaciones abordan la ciberseguridad, pasando de un modelo estático y basado en el perímetro a uno dinámico y basado en la identidad. Al eliminar la confianza

implícita y aplicar controles de acceso granulares y monitoreo continuo en todos los usuarios, dispositivos y redes, la Confianza Cero permite a las organizaciones reducir su superficie de ataque, mejorar su visibilidad y control, y mejorar su postura general de seguridad y resiliencia.

Sin embargo, implementar la Confianza Cero no es un esfuerzo único o de talla única, sino más bien un viaje continuo e iterativo que requiere una planificación, ejecución y gobernanza cuidadosas, así como una inversión significativa en personas, procesos y tecnologías. Las organizaciones deben evaluar su postura de seguridad y nivel de madurez actual, definir sus casos de uso y prioridades de Confianza Cero, diseñar y construir su arquitectura y componentes de Confianza Cero, integrar y automatizar sus operaciones de seguridad, probar y validar sus controles y procesos, y optimizar y madurar continuamente su implementación de la Confianza Cero con el tiempo.

También deben abordar los desafíos y consideraciones clave de la Confianza Cero, como la complejidad e integración, el rendimiento y la escalabilidad, las habilidades y la experiencia, y la cultura y la mentalidad, aprovechando las mejores prácticas, estándares y asociaciones de la industria y el ámbito académico.

En última instancia, el éxito de la Confianza Cero dependerá no solo de la tecnología y las herramientas, sino también de las personas y los procesos que la apoyan y permiten. Las organizaciones que puedan aprovechar efectivamente el poder de la Confianza Cero mientras fomentan una cultura de seguridad, confianza e innovación estarán mejor posicionadas para prosperar y tener éxito frente a las amenazas cibernéticas y desafíos en constante aumento.

Por lo tanto, ya sea que seas un profesional de seguridad experimentado que busca mejorar la postura de seguridad de tu organización o un líder empresarial que busca comprender las implicaciones y oportunidades de la Confianza Cero para tu transformación y crecimiento digital, te animamos a explorar y abrazar el potencial de este enfoque emocionante y transformador para la ciberseguridad.

Al hacerlo, puedes mejorar tu seguridad y resiliencia y contribuir al conocimiento colectivo y progreso de la industria y la sociedad hacia un futuro digital más seguro, confiable e inclusivo para todos.

Capítulo 12: Elaboración de una Estrategia de Ciberseguridad No Convencional

Introducción

A lo largo de este libro, hemos explorado diversas técnicas de ciberseguridad no convencionales que pueden ayudar a las organizaciones a mejorar su postura de seguridad y su resiliencia frente a amenazas cibernéticas en constante evolución. Desde la biometría conductual y las tecnologías de engaño hasta la caza de amenazas impulsada por IA y la criptografía cuántica, estas técnicas representan la vanguardia de la innovación en ciberseguridad y ofrecen nuevas y poderosas formas de detectar, prevenir y responder incluso a los ataques más sofisticados y persistentes.

Sin embargo, para lograr una estrategia de ciberseguridad verdaderamente efectiva y comprensiva, no basta con implementar estas técnicas de forma aislada o como soluciones puntuales. Para aprovechar al máximo los beneficios de la ciberseguridad no convencional, las organizaciones deben adoptar un enfoque holístico e integrado que alinee estas técnicas con sus objetivos comerciales generales, su apetito de riesgo y su entorno de TI, y que involucre a todas las partes interesadas y usuarios relevantes.

En este capítulo final, exploraremos los principios fundamentales y las mejores prácticas para elaborar una estrategia de ciberseguridad no convencional, con el fin de ayudar a las organizaciones a maximizar el valor y el impacto de las técnicas discutidas en este libro, asegurando al mismo tiempo su sostenibilidad y escalabilidad a lo largo del tiempo. Discutiremos cómo integrar técnicas no convencionales en una arquitectura de seguridad coherente y adaptable, adaptar estas técnicas a diferentes tamaños de organizaciones, industrias y niveles de madurez, y fomentar una cultura de aprendizaje y mejora continua que pueda seguir el ritmo del siempre cambiante panorama de ciberseguridad.

Ya sea que seas un profesional de ciberseguridad experimentado que busca llevar la estrategia de seguridad de tu organización al siguiente nivel, o un líder empresarial que desea comprender las implicaciones estratégicas y las oportunidades de la ciberseguridad no convencional, este capítulo te proporcionará las ideas y la orientación que necesitas para navegar por este viaje crítico y transformador. Así que, vamos a sumergirnos y explorar cómo elaborar una estrategia de ciberseguridad no convencional que ayude a tu organización a mantenerse a la vanguardia y prosperar en la era digital.

Principios de una Estrategia de Ciberseguridad No Convencional

Antes de profundizar en los pasos específicos y las mejores prácticas para elaborar una estrategia de ciberseguridad no convencional, primero exploremos algunos principios fundamentales que deben guiar e informar este proceso. Estos principios representan los valores y suposiciones centrales que sustentan el enfoque no convencional de la ciberseguridad y que lo diferencian de los modelos de seguridad tradicionales basados en el cumplimiento.

1. Adaptativa y Ágil

Uno de los principios fundamentales de una estrategia de ciberseguridad no convencional es que debe ser adaptativa y ágil, capaz de responder rápida y eficazmente a los cambios en el panorama de amenazas, el entorno empresarial y el ecosistema tecnológico. A diferencia de las estrategias de seguridad tradicionales que dependen de controles y procesos estáticos y reactivos, una estrategia no convencional adopta un enfoque más dinámico y proactivo que monitorea, analiza y optimiza continuamente la postura de seguridad basada en datos e información en tiempo real.

Esto requiere un cambio de mentalidad de "configúralo y olvídalo" a una mentalidad más iterativa y experimental, dispuesta a desafiar suposiciones, asumir riesgos y aprender de los fracasos. También requiere una arquitectura de seguridad más modular y componible que pueda integrar y orquestar fácilmente diferentes herramientas y técnicas de seguridad y escalar y adaptarse rápidamente a nuevos casos de uso y requisitos.

2. Basada en el Riesgo y Alineada con el Negocio

Otro principio fundamental de una estrategia de ciberseguridad no convencional es que debe estar impulsada por una comprensión profunda del perfil de riesgo único de la organización y de los objetivos comerciales, en lugar de por requisitos genéricos de cumplimiento o puntos de referencia de la industria. Esto significa adoptar una visión holística y contextual de la seguridad que considere no solo las vulnerabilidades técnicas y las amenazas, sino también el impacto potencial y la probabilidad de diferentes escenarios de riesgo en la misión, la reputación y el resultado final de la organización.

Para lograr esto, los líderes de ciberseguridad deben entablar un diálogo regular y significativo con las partes interesadas y los tomadores de decisiones comerciales para comprender sus objetivos, prioridades y restricciones, y alinear las iniciativas y las inversiones de seguridad con estos factores. También necesitan desarrollar y utilizar marcos de evaluación y gestión de riesgos cuantitativos y cualitativos que puedan ayudar a priorizar y optimizar los esfuerzos de seguridad basados en el apetito y la tolerancia al riesgo de la organización.

3. Impulsada por la Inteligencia y Basada en Amenazas

CAPÍTULO 12: ELABORACIÓN DE UNA ESTRATEGIA DE CIBERSEGURIDAD...

Un tercer principio de una estrategia de ciberseguridad no convencional es que debe estar impulsada por la inteligencia y basada en amenazas, aprovechando los últimos datos y conocimientos sobre las tácticas, técnicas y procedimientos (TTP) de los adversarios cibernéticos para identificar, cazar y mitigar proactivamente posibles amenazas. Esto requiere ir más allá de los enfoques de detección y prevención basados en firmas y reglas y adoptar técnicas más avanzadas y adaptativas como el aprendizaje automático, el análisis del comportamiento y la inteligencia de amenazas.

Para operacionalizar este principio, las organizaciones deben establecer y madurar sus capacidades de inteligencia de amenazas y caza de amenazas. Deben desarrollar e integrar una variedad de fuentes de datos y herramientas de análisis que proporcionen una vista comprensiva y en tiempo real del panorama de amenazas. También deben fomentar una cultura de colaboración e intercambio de información tanto interna como externamente con pares de la industria, agencias gubernamentales e instituciones de investigación.

4. Centrada en el Humano y Enfocada en el Usuario

Un cuarto principio de una estrategia de ciberseguridad no convencional es que debe estar centrada en el humano y enfocada en el usuario, reconociendo que las personas son tanto el eslabón más débil como el activo más fuerte en cualquier programa de seguridad. Esto significa ir más allá de un enfoque puramente técnico y orientado a los controles y adoptar un enfoque más empático y comprometido que considere las necesidades, comportamientos y motivaciones de diferentes grupos de usuarios y personas.

Para lograr esto, las organizaciones deben invertir en iniciativas de concienciación sobre seguridad, capacitación y cambio cultural que puedan ayudar a educar y empoderar a los usuarios para que sean participantes activos en el proceso de seguridad, en lugar de receptores pasivos de políticas y controles de seguridad. También necesitan diseñar e implementar herramientas y procesos de seguridad que sean intuitivos, transparentes y fáciles de usar, minimizando la fricción y la complejidad para los usuarios finales.

5. Aprendizaje Continuo y Adaptativo

Un último principio de una estrategia de ciberseguridad no convencional es que debe abrazar el aprendizaje continuo y adaptativo, reconociendo que la seguridad no es un esfuerzo único o estático, sino un viaje continuo y en evolución. Esto significa establecer una cultura de experimentación, innovación y mejora, donde los equipos de seguridad estén alentados y empoderados para probar nuevos enfoques, aprender de los fracasos y compartir mejores prácticas y lecciones aprendidas.

Para operacionalizar este principio, las organizaciones deben establecer y madurar sus capacidades de métricas y medición de seguridad, definiendo y rastreando indicadores clave de desempeño (KPI) e indicadores clave de riesgo (KRI) que puedan proporcionar visibilidad y responsabilidad sobre la efectividad y eficiencia de diferentes iniciativas e inversiones de seguridad. También necesitan fomentar una cultura de colaboración y compartir conocimientos, participando en foros de la industria, conferencias e iniciativas de investigación, y involucrándose con expertos y líderes de pensamiento externos para mantenerse al tanto de las últimas tendencias e innovaciones en ciberseguridad.

Al adoptar estos principios e integrarlos en su estrategia y operaciones de seguridad general, las organizaciones pueden sentar las bases para un enfoque de ciberseguridad más adaptativo, basado en riesgos, impulsado por inteligencia, centrado en el humano y de aprendizaje continuo, que pueda ayudarles a mantenerse a la vanguardia del siempre cambiante panorama de amenazas y lograr sus objetivos comerciales en la era digital.

Pasos para Elaborar una Estrategia de Ciberseguridad No Convencional

Ahora que hemos explorado los principios fundamentales que deben guiar una estrategia de ciberseguridad no convencional, profundicemos en los pasos específicos y las mejores prácticas para elaborar dicha estrategia. Si bien el proceso exacto y el cronograma pueden variar según el tamaño de la organización, la industria, el nivel de madurez y el perfil de riesgo, los siguientes pasos proporcionan un marco general y una hoja de ruta que pueden adaptarse y personalizarse a diferentes contextos y necesidades.

1. Evaluar el Estado Actual

El primer paso para elaborar una estrategia de ciberseguridad no convencional es evaluar la postura y las capacidades de seguridad actuales de la organización, identificar fortalezas, debilidades, oportunidades y amenazas (SWOT), y establecer una línea de base y un punto de referencia para la mejora. Esta evaluación debe abarcar una variedad de dimensiones, incluyendo:

- **Perfil y apetito de riesgo:** ¿Cuáles son los activos, datos y procesos más críticos de la organización y cuáles son los impactos y probabilidades potenciales de diferentes escenarios de riesgo? ¿Cuál es el apetito y la tolerancia al riesgo de la organización y cómo se alinean con sus objetivos comerciales y estratégicos?.
- **Panorama de amenazas e inteligencia:** Basado en su industria, geografía y huella tecnológica, ¿cuáles son las amenazas cibernéticas y actores de amenazas más relevantes e impactantes que enfrenta la organización? ¿Cuáles son las últimas tendencias y conocimientos sobre estas amenazas y cómo puede la organización aprovechar la inteligencia de amenazas para identificar y mitigar proactivamente los riesgos potenciales?.
- **Arquitectura y controles de seguridad:** ¿Cuáles son las herramientas, tecnologías y procesos de seguridad actuales de la organización y qué tan bien se alinean con las mejores prácticas y estándares? ¿Cuáles son las brechas y las ineficiencias en la arquitectura de seguridad actual y cómo se pueden abordar a través de la automatización, la orquestación y la integración?.
- **Cultura y concienciación de seguridad:** ¿Cuál es el nivel actual de concienciación y compromiso de seguridad entre los diferentes grupos de usuarios y partes interesadas y qué tan bien entienden y cumplen con las políticas y procedimientos de seguridad? ¿Cuáles son los desafíos y oportunidades clave para mejorar la cultura de seguridad y el cambio de comportamiento?.
- **Métricas y medición de seguridad:** ¿Cuáles son las métricas y los KPI de seguridad actuales de la organización y qué tan bien se alinean con los objetivos comerciales y las prioridades de gestión de riesgos? ¿Cuáles son las brechas y las ineficiencias en los procesos de medición e informes actuales y cómo se pueden mejorar a través de la automatización y el análisis?.

Las organizaciones pueden utilizar una variedad de herramientas y técnicas para realizar esta evaluación, como modelos de madurez de seguridad, marcos de evaluación de riesgos, plataformas de inteligencia de amenazas, estudios de comparación de seguridad y encuestas y entrevistas con usuarios. El objetivo es desarrollar una comprensión integral y basada en datos del estado de seguridad actual e identificar las áreas más críticas para la mejora y la inversión.

2. Definir la Visión y los Objetivos

Basado en los hallazgos y conocimientos de la evaluación del estado actual, el siguiente paso es definir una visión clara y convincente y un conjunto de objetivos para la estrategia de ciberseguridad no convencional. Esta visión debe articular el estado futuro deseado de la postura y las capacidades de seguridad de la organización y cómo esto se alinea con su estrategia y objetivos comerciales generales. Los objetivos deben ser específicos, medibles, alcanzables, relevantes y con límite de tiempo (SMART) y centrarse en las áreas más críticas e impactantes para la mejora identificadas en la evaluación.

Algunos ejemplos de objetivos potenciales para una estrategia de ciberseguridad no convencional pueden incluir:

- Adoptar capacidades de caza de amenazas impulsadas por IA y respuesta automatizada a incidentes para reducir el tiempo de detección y respuesta a incidentes cibernéticos en un 50% en los próximos 12 meses.
- Implementar programas de capacitación gamificada y simulación de *phishing* para mejorar la concienciación y el compromiso de seguridad de los empleados en un 25% en los próximos seis meses.
- Integrar biometría conductual y tecnologías de engaño en la

arquitectura de seguridad para aumentar la cobertura y precisión de la monitorización y el análisis de seguridad en un 30% en los próximos 18 meses.
- Desplegar soluciones de criptografía cuántica y de integridad de datos basadas en *blockchain* para reducir el riesgo de brechas de datos y robo de propiedad intelectual en un 40% en los próximos 24 meses.

Para desarrollar la visión y los objetivos, los líderes de ciberseguridad deben colaborar con las partes interesadas y los tomadores de decisiones clave, incluidos los líderes de unidades de negocio, los equipos de TI y operaciones, las funciones de riesgo y cumplimiento y los usuarios finales. Este proceso debe involucrar tanto la entrada como la retroalimentación de arriba hacia abajo y de abajo hacia arriba para garantizar que la visión y los objetivos se alineen con las prioridades estratégicas y las realidades operativas.

3. Desarrollar la Hoja de Ruta y el Plan

Con la visión y los objetivos definidos, el siguiente paso es desarrollar una hoja de ruta y un plan detallados para lograrlos, delineando las iniciativas específicas, los hitos y los recursos necesarios para operacionalizar la estrategia de ciberseguridad no convencional. Esta hoja de ruta debe basarse en la priorización y secuenciación de las diferentes técnicas y enfoques no convencionales discutidos en este libro, en función de su impacto potencial, factibilidad y alineación con el perfil de riesgo y el nivel de madurez de la organización.

Algunas consideraciones clave y mejores prácticas para desarrollar la hoja de ruta y el plan incluyen:

- **Priorizar victorias rápidas e iniciativas de alto impacto:** Centrarse en las técnicas y enfoques no convencionales que puedan ofrecer los beneficios más inmediatos y tangibles para la organización, como la biometría conductual para la autenticación, las tecnologías de engaño para la detección de amenazas o la caza de amenazas impulsada por IA para la respuesta a incidentes. Estas victorias rápidas pueden ayudar a generar impulso y apoyo para la estrategia general y demostrar el valor y el potencial de los enfoques no convencionales.
- **Equilibrar las inversiones a corto y largo plazo:** Si bien es importante priorizar las victorias rápidas, también es crucial considerar las iniciativas y las inversiones a largo plazo necesarias para construir una capacidad de ciberseguridad no convencional sostenible y escalable, como la criptografía cuántica para comunicaciones seguras, el *blockchain* para la integridad de los datos o las arquitecturas de confianza cero para el control de acceso. Estas iniciativas pueden requerir una planificación, recursos y gestión del cambio más significativos, pero pueden ofrecer beneficios transformacionales a lo largo del tiempo.
- **Alinear con la estrategia general de TI y negocio:** La hoja de ruta y el plan de ciberseguridad no convencional deben estar alineados e integrados con la estrategia general de TI y negocio de la organización para evitar duplicaciones, conflictos o desalineaciones de prioridades y recursos. Esto puede requerir una estrecha coordinación y colaboración con otras funciones de TI y negocio, como los equipos de infraestructura, aplicaciones, datos y operaciones.
- **Establecer roles y responsabilidades claros:** Definir y asignar roles y responsabilidades claros para las diferentes iniciativas y actividades de la hoja de ruta, incluyendo propiedad, responsabilidad y autoridad de toma de decisiones. Esto puede implicar

el establecimiento de un equipo dedicado a la ciberseguridad no convencional o un centro de excelencia, así como la participación de socios y proveedores externos con experiencia y capacidades específicas.

- **Definir métricas de éxito y KPI:** Establecer métricas de éxito y KPI claros y medibles para cada iniciativa y fase de la hoja de ruta, alineados con los objetivos y la visión general de la estrategia. Estas métricas deben abarcar dimensiones tanto operativas como estratégicas, como la reducción del riesgo, la detección de amenazas, la respuesta a incidentes, la satisfacción del usuario y el habilitamiento del negocio.
- **Comunicar y comprometerse con las partes interesadas:** Desarrollar y ejecutar un plan comprensivo de comunicación y compromiso para socializar y validar la hoja de ruta y el plan de ciberseguridad no convencional con las partes interesadas y los usuarios clave en toda la organización. Esto puede involucrar una mezcla de canales de comunicación de arriba hacia abajo y de abajo hacia arriba, como reuniones ejecutivas, reuniones generales, talleres y encuestas, para recopilar comentarios y apoyo para la estrategia.

4. Implementar y Operacionalizar

Con la hoja de ruta y el plan en marcha, el siguiente paso es implementar y operacionalizar las iniciativas y capacidades de ciberseguridad no convencional a través de un enfoque por fases e iterativo que equilibre la velocidad, la calidad y el riesgo. Este proceso de implementación debe seguir un ciclo de vida estándar de gestión de proyectos, con etapas claras, puertas y entregables, y debe aprovechar los principios y prácticas ágiles y DevOps para permitir la experimentación rápida, la

CAPÍTULO 12: ELABORACIÓN DE UNA ESTRATEGIA DE CIBERSEGURIDAD...

retroalimentación y la adaptación.

Algunas consideraciones clave y mejores prácticas para implementar y operacionalizar la ciberseguridad no convencional incluyen:

- **Pilotar y probar técnicas no convencionales:** Antes de desplegar completamente las técnicas y herramientas de ciberseguridad no convencional, realizar pilotos y pruebas de concepto para validar su efectividad, usabilidad y escalabilidad en el entorno específico y los casos de uso de la organización. Esto puede implicar el establecimiento de entornos de prueba y desarrollo, la realización de pruebas de aceptación del usuario y la recopilación de comentarios y lecciones aprendidas de los primeros adoptantes y campeones.
- **Integrar con herramientas y procesos de seguridad existentes:** Asegurarse de que las técnicas y herramientas de ciberseguridad no convencional estén integradas e interoperables con la arquitectura de seguridad y los procesos existentes de la organización para evitar silos, brechas o conflictos. Esto puede requerir el desarrollo de integraciones personalizadas, APIs o flujos de trabajo, y la actualización de políticas, procedimientos y materiales de capacitación para reflejar las nuevas capacidades y requisitos.
- **Automatizar y orquestar operaciones de seguridad:** Aprovechar las tecnologías de automatización y orquestación, como las plataformas de orquestación, automatización y respuesta de seguridad (SOAR), para agilizar y escalar la implementación y operación de técnicas de ciberseguridad no convencional. Esto puede ayudar a reducir el esfuerzo manual, mejorar la consistencia y precisión, y permitir operaciones de seguridad más proactivas y adaptativas.
- **Establecer marcos de gobernanza y cumplimiento:** Desarrollar e

implementar marcos claros de gobernanza y cumplimiento para las iniciativas de ciberseguridad no convencional, para garantizar la alineación con los requisitos legales, regulatorios y éticos, así como con los procesos de gestión de riesgos y auditoría de la organización. Esto puede implicar la participación de equipos legales, de cumplimiento y de privacidad, así como de reguladores y auditores externos, para validar y certificar las nuevas capacidades y controles.

- **Fomentar una cultura de aprendizaje y mejora continua:** Establecer una cultura de aprendizaje y mejora continua en torno a las iniciativas de ciberseguridad no convencional, alentando la experimentación, la innovación y el intercambio de conocimientos entre los equipos de seguridad y los usuarios. Esto puede implicar el establecimiento de comunidades de práctica, hackatones o laboratorios de innovación, y la participación en actividades de investigación, conferencias y comparación externa para mantenerse al tanto de las últimas tendencias y mejores prácticas.

5. Monitorear y Optimizar

El paso final en la elaboración de una estrategia de ciberseguridad no convencional es monitorear y optimizar continuamente el rendimiento y la efectividad de las iniciativas y capacidades, basándose en las métricas de éxito y KPI definidos, así como en el panorama de amenazas en evolución y las necesidades del negocio. Este proceso de monitoreo y optimización debe ser un esfuerzo colaborativo y basado en datos, que involucre tanto a los equipos de seguridad como a las partes interesadas del negocio, y que aproveche herramientas avanzadas de análisis e informes para proporcionar visibilidad e información en tiempo real.

Algunas consideraciones clave y mejores prácticas para monitorear y optimizar la ciberseguridad no convencional incluyen:

- **Establecer un marco de métricas e informes de seguridad:** Desarrollar e implementar un marco comprensivo de métricas e informes de seguridad, alineado con los objetivos generales y los KPI de la estrategia de ciberseguridad no convencional. Este marco debe cubrir indicadores tanto líderes como rezagados, como las tasas de detección de amenazas, los tiempos de respuesta a incidentes, las puntuaciones de satisfacción del usuario y los resultados de reducción de riesgos, y debe proporcionar información procesable y significativa para diferentes partes interesadas y tomadores de decisiones.
- **Realizar evaluaciones y auditorías regulares:** Realizar evaluaciones y auditorías regulares de las iniciativas y capacidades de ciberseguridad no convencional para validar su efectividad, eficiencia y cumplimiento con los estándares y requisitos internos y externos. Esto puede implicar aprovechar marcos de evaluación y certificación de terceros, como el Marco de Ciberseguridad del NIST, ISO 27001 o MITRE ATT&CK, así como la realización de pruebas de penetración internas, ejercicios de equipo rojo y ejercicios de mesa para identificar brechas y oportunidades de mejora.
- **Aprovechar el análisis avanzado y el aprendizaje automático:** Aprovechar técnicas avanzadas de análisis y aprendizaje automático, como la detección de anomalías, el modelado predictivo y la puntuación de riesgos, para optimizar el rendimiento y la efectividad de las iniciativas de ciberseguridad no convencional. Esto puede ayudar a identificar amenazas y patrones emergentes, priorizar eventos e incidentes de alto riesgo y automatizar o aumentar los procesos de toma de decisiones y

respuesta de seguridad.
- **Mejorar y adaptar continuamente la estrategia:** Basándose en los conocimientos y la retroalimentación de las actividades de monitoreo y optimización, mejorar y adaptar continuamente la estrategia de ciberseguridad no convencional para abordar nuevos desafíos, oportunidades y prioridades. Esto puede implicar revisar y actualizar regularmente la visión, los objetivos, la hoja de ruta y las métricas de la estrategia, e incorporar nuevas técnicas, herramientas y mejores prácticas no convencionales a medida que surjan.
- **Comunicar e informar sobre el progreso y el impacto:** Comunicar e informar regularmente sobre el progreso y el impacto de la estrategia de ciberseguridad no convencional a las partes interesadas y los tomadores de decisiones clave, utilizando formatos y canales transparentes, concisos y convincentes. Esto puede implicar desarrollar tableros ejecutivos, cuadros de mando e informes que resalten los logros, desafíos, próximos pasos y el valor y los resultados comerciales clave de la estrategia.

Integración de Técnicas No Convencionales en una Arquitectura de Seguridad Coherente

Si bien las secciones anteriores se han centrado en los principios de alto nivel y los pasos para elaborar una estrategia de ciberseguridad no convencional, también es esencial considerar la integración de las diversas técnicas y enfoques no convencionales en una arquitectura de seguridad coherente y efectiva. Una arquitectura de seguridad bien diseñada proporciona la base y el marco para implementar y operar capacidades de ciberseguridad no convencional de manera consistente, escalable y sostenible, y asegura que trabajen en conjunto de manera fluida para proporcionar una protección integral y adaptativa contra las amenazas cibernéticas.

Algunas consideraciones clave y mejores prácticas para integrar técnicas no convencionales en una arquitectura de seguridad coherente incluyen:

1. Adoptar un Enfoque de Capas y Modular

Uno de los principios fundamentales de una arquitectura de seguridad moderna es adoptar un enfoque de capas y modular, donde diferentes controles y técnicas de seguridad se despliegan en varios niveles y etapas del entorno de TI y pueden agregarse, eliminarse o actualizarse fácilmente según sea necesario. Esto permite a las organizaciones implementar gradualmente y de manera incremental técnicas no convencionales según sus necesidades y prioridades específicas, y evitar interrumpir o entrar en conflicto con las herramientas y procesos de seguridad existentes.

Por ejemplo, las organizaciones pueden implementar biometría conductual para la autenticación de usuarios en la capa de gestión de identidades y accesos, agregar tecnologías de engaño para la detección de amenazas en las capas de red y puntos finales, e integrar caza de amenazas impulsada por IA en la capa de operaciones de seguridad. Cada técnica puede desplegarse como una capacidad modular y autónoma, con interfaces y dependencias bien definidas, y puede integrarse fácilmente con otras herramientas y plataformas de seguridad mediante APIs y formatos de datos estandarizados.

2. Aprovechar una Plataforma Común de Datos y Análisis

Otro principio fundamental de una arquitectura de seguridad moderna es aprovechar una plataforma común de datos y análisis que pueda recopilar, normalizar y analizar datos de seguridad de múltiples fuentes y técnicas, y proporcionar una vista unificada y contextual de la postura de seguridad de la organización. Esta plataforma debe admitir análisis en tiempo real e históricos, y permitir el uso de técnicas avanzadas de análisis y aprendizaje automático para detectar y responder a amenazas y anomalías emergentes.

Por ejemplo, las organizaciones pueden implementar una plataforma centralizada de gestión de información y eventos de seguridad (SIEM) que pueda ingerir y correlacionar datos de diversas técnicas no convencionales, como biometría conductual, tecnologías de engaño y caza de amenazas impulsada por IA, así como de herramientas y fuentes de seguridad tradicionales, como *firewalls*, sistemas de detección de intrusiones y escáneres de vulnerabilidades. La plataforma SIEM puede aplicar algoritmos avanzados de análisis y aprendizaje automático para identificar patrones, tendencias y desviaciones en los datos, y activar acciones de respuesta automatizadas o manuales basadas en reglas y libros de jugadas predefinidos.

3. Implementar Canales de Comunicación Seguros y Resilientes

Un tercer principio fundamental de una arquitectura de seguridad moderna es implementar canales de comunicación seguros y resilientes que protejan la confidencialidad, integridad y disponibilidad de los datos y sistemas, incluso frente a amenazas sofisticadas y persistentes. Esto es particularmente importante para técnicas no convencionales que dependen de datos y algoritmos sensibles o propietarios, como la biometría conductual, las tecnologías de engaño y la criptografía cuántica.

Por ejemplo, las organizaciones pueden implementar distribución de claves cuánticas (QKD) para establecer canales de comunicación seguros y a prueba de manipulaciones entre diferentes componentes y capas de seguridad, como entre el motor de biometría conductual y el sistema de gestión de identidades y accesos, o entre los *honeypots* de tecnología de engaño y la plataforma SIEM. QKD utiliza los principios de la mecánica cuántica para generar y distribuir claves criptográficas que son teóricamente irrompibles y pueden detectar cualquier intento de interceptar o manipular el canal de comunicación.

4. Asegurar Pruebas y Validaciones Continuas

Un cuarto principio fundamental de una arquitectura de seguridad moderna es asegurar pruebas y validaciones continuas de los controles y técnicas de seguridad para verificar su efectividad, eficiencia y cumplimiento con los requisitos internos y externos. Esto es particularmente importante para técnicas no convencionales que aún están emergiendo y evolucionando y que pueden tener estándares, mejores prácticas o puntos de referencia limitados en la industria.

Por ejemplo, las organizaciones pueden implementar procesos automatizados y manuales de pruebas y validaciones para sus capacidades de biometría conductual, tecnologías de engaño y caza de amenazas impulsada por IA, utilizando técnicas de pruebas de penetración, equipos rojos e ingeniería del caos. Estos procesos pueden ayudar a identificar brechas, vulnerabilidades y falsos positivos en las técnicas no convencionales, y proporcionar retroalimentación y conocimientos para la mejora continua y optimización.

5. Fomentar la Colaboración y la Comunicación Transfuncional

Finalmente, un quinto principio fundamental de una arquitectura de seguridad moderna es fomentar la colaboración y la comunicación transfuncional entre los equipos de seguridad, las partes interesadas y los usuarios involucrados en las iniciativas de ciberseguridad no convencional. Esto es esencial para asegurar la alineación, el apoyo y la colaboración para las técnicas no convencionales, y para habilitar una toma de decisiones y respuesta efectiva y oportuna a incidentes y riesgos de seguridad.

Por ejemplo, las organizaciones pueden establecer grupos de trabajo, comités o centros de excelencia transfuncionales que reúnan a representantes de diferentes dominios de seguridad, como gestión de identidades y accesos, seguridad de la red, seguridad de los puntos finales y operaciones de seguridad, así como de otras funciones relevantes, como TI, gestión de riesgos, cumplimiento y continuidad del negocio. Estos grupos pueden servir como foros para compartir conocimientos, mejores prácticas y lecciones aprendidas, y para coordinar actividades conjuntas de planificación, pruebas y respuesta relacionadas con iniciativas de ciberseguridad no convencional.

Al adoptar estos principios y mejores prácticas para integrar técnicas no convencionales en una arquitectura de seguridad coherente, las organizaciones pueden crear una postura de seguridad más ágil, adaptativa y resiliente que pueda prevenir, detectar y responder de manera efectiva a amenazas cibernéticas avanzadas y emergentes. Sin embargo, diseñar e implementar dicha arquitectura no es un esfuerzo único o de talla única; en su lugar, requiere iteración continua, personalización y optimización basada en las necesidades únicas, restricciones y perfil de riesgo de la organización.

Adaptación de la Ciberseguridad No Convencional a Diferentes Contextos Organizacionales

Otro aspecto importante de la elaboración de una estrategia de ciberseguridad no convencional efectiva es adaptar y ajustar las diversas técnicas y enfoques a las necesidades, restricciones y niveles de madurez específicos de diferentes contextos organizacionales. Si bien los principios y las mejores prácticas discutidos en las secciones anteriores proporcionan un marco general y una orientación para implementar la ciberseguridad no convencional, la aplicación y la priorización de estas técnicas pueden variar significativamente según factores como el tamaño de la organización, la industria, el perfil de riesgo, el entorno regulatorio y el panorama tecnológico.

En esta sección, exploraremos algunas consideraciones clave y recomendaciones para adaptar la ciberseguridad no convencional a diferentes tipos de organizaciones, basándonos en su tamaño y nivel de madurez. Discutiremos cómo el alcance, la complejidad y los recursos requeridos para implementar técnicas no convencionales pueden diferir para pequeñas y medianas empresas (PYMES) frente a grandes empresas, y cómo las organizaciones pueden priorizar y secuenciar sus iniciativas de ciberseguridad no convencional en función de su postura de seguridad y capacidades actuales.

1. Ciberseguridad No Convencional para PYMES

Las pequeñas y medianas empresas (PYMES) a menudo enfrentan desafíos únicos para implementar estrategias de ciberseguridad efectivas debido a sus recursos limitados, experiencia y infraestructura tecnológica. Además, las PYMES están siendo cada vez más objetivo de los atacantes cibernéticos, quienes las ven como objetivos más fáciles y lucrativos que las organizaciones más grandes y maduras. De hecho, según un estudio reciente del Instituto Ponemon, el 66% de las PYMES han experimentado un ataque cibernético en los últimos 12 meses y el costo promedio de una violación de datos para las PYMES es de $2.98 millones.

Dado estos desafíos y riesgos, las PYMES deben ser particularmente estratégicas y selectivas al adoptar técnicas de ciberseguridad no convencionales y centrarse en las áreas más críticas e impactantes que se alineen con sus prioridades comerciales y su perfil de riesgo. Algunas consideraciones clave y recomendaciones para las PYMES incluyen:

- **Priorizar la higiene cibernética básica y las mejores prácticas de seguridad:** Antes de invertir en técnicas de ciberseguridad avanzadas o no convencionales, las PYMES deben asegurarse de tener una base sólida de higiene cibernética básica y mejores prácticas de seguridad, como la actualización y el parcheo regular de sistemas y aplicaciones, políticas de contraseñas fuertes y autenticación multifactor, capacitación en concienciación sobre seguridad para empleados y planificación de respuesta a incidentes. Estas prácticas fundamentales pueden reducir significativamente la superficie de ataque y la exposición al riesgo de las PYMES y proporcionar una base sólida para capacidades de seguridad más avanzadas.
- **Aprovechar los servicios de seguridad en la nube y gestionados:** Las PYMES pueden superar sus limitaciones de recursos y experiencia aprovechando los servicios de seguridad en la nube y gestionados, que proporcionan acceso escalable, flexible y rentable a capacidades de seguridad avanzadas, como biometría conduc-

tual, tecnologías de engaño y detección y respuesta a amenazas impulsada por IA. Al externalizar estas capacidades a proveedores de seguridad especializados, las PYMES pueden beneficiarse de las últimas tecnologías y mejores prácticas sin tener que invertir en infraestructura, herramientas o personal costosos.

- **Centrarse en técnicas de alto impacto y baja complejidad:** Al adoptar técnicas de ciberseguridad no convencionales, las PYMES deben priorizar aquellas que ofrecen el mayor impacto y la menor complejidad, según sus necesidades y perfil de riesgo específicos. Por ejemplo, las PYMES pueden comenzar implementando biometría conductual para la autenticación multifactor, que puede reducir significativamente el riesgo de toma de control de cuentas y fraude de identidad sin requerir cambios significativos en la experiencia del usuario o el flujo de trabajo. Del mismo modo, las PYMES pueden desplegar tecnologías de engaño, como *honeypots* o señuelos, para detectar y desviar amenazas avanzadas sin tener que monitorear y analizar grandes volúmenes de datos de seguridad.
- **Asociarse con proveedores y asesores de seguridad de confianza:** Para navegar por las complejidades e incertidumbres de la ciberseguridad no convencional, las PYMES deben asociarse con proveedores y asesores de seguridad de confianza que puedan proporcionar orientación, apoyo y experiencia durante las fases de planificación, implementación y optimización. Estos socios pueden ayudar a las PYMES a evaluar su postura de seguridad actual, identificar y priorizar las técnicas no convencionales más relevantes e impactantes, e integrarlas en una estrategia de seguridad coherente y efectiva que se alinee con sus objetivos comerciales y apetito de riesgo.

2. Ciberseguridad No Convencional para Grandes Empresas

Las grandes empresas, por otro lado, a menudo tienen arquitecturas de seguridad más maduras y complejas, así como más recursos y experiencia para invertir en técnicas de ciberseguridad avanzadas y no convencionales. Sin embargo, también enfrentan riesgos y desafíos más significativos debido a su mayor superficie de ataque, activos y datos valiosos y estrictos requisitos regulatorios y de cumplimiento. Según un estudio reciente de IBM y el Instituto Ponemon, el costo promedio de una violación de datos para grandes empresas (con más de 25,000 empleados) es de $5.52 millones, y el tiempo promedio para identificar y contener una violación es de 280 días.

Para implementar de manera efectiva la ciberseguridad no convencional en un contexto de gran empresa, las organizaciones deben adoptar un enfoque más holístico e integrado que se alinee con su estrategia de seguridad, arquitectura y marco de gobernanza general. Algunas consideraciones clave y recomendaciones para las grandes empresas incluyen:

- **Desarrollar una arquitectura de seguridad completa y unificada:** Las grandes empresas deben desarrollar una arquitectura de seguridad completa y unificada que integre técnicas no convencionales con controles y procesos de seguridad existentes y que proporcione un enfoque consistente y centralizado para la gestión y operación de la seguridad. Esta arquitectura debe basarse en un diseño modular y escalable que pueda adaptarse rápidamente a nuevas tecnologías, amenazas y requisitos comerciales, y debe aprovechar interfaces, formatos de datos y flujos de trabajo estandarizados para habilitar la interoperabilidad y la automatización en diferentes dominios y herramientas de seguridad.
- **Establecer un centro de excelencia dedicado a la ciberseguridad no convencional:** Para impulsar la adopción y maduración de

CAPÍTULO 12: ELABORACIÓN DE UNA ESTRATEGIA DE CIBERSEGURIDAD...

técnicas de ciberseguridad no convencional, las grandes empresas deben establecer un centro de excelencia (CoE) dedicado que reúna a equipos y partes interesadas transfuncionales de toda la organización, como operaciones de seguridad, inteligencia de amenazas, ciencia de datos e innovación en TI. El CoE debe encargarse de investigar, probar y pilotar nuevas técnicas no convencionales, desarrollar mejores prácticas y estándares y proporcionar capacitación y apoyo a otros equipos y usuarios de seguridad.

- **Implementar un enfoque basado en riesgos y datos para la priorización:** Dada la complejidad y escala de sus entornos de seguridad, las grandes empresas deben implementar un enfoque basado en riesgos y datos para priorizar y secuenciar sus iniciativas de ciberseguridad no convencional. Este enfoque debe basarse en la evaluación y monitoreo continuos del perfil de riesgo, el panorama de amenazas y la postura de seguridad de la organización, utilizando métricas cuantitativas y cualitativas e indicadores clave de desempeño (KPI). Al alinear sus inversiones en ciberseguridad no convencional con sus riesgos y activos más críticos, las grandes empresas pueden maximizar la efectividad y eficiencia de sus recursos y presupuestos de seguridad.
- **Fomentar una cultura de innovación y colaboración:** Para aprovechar plenamente el potencial de la ciberseguridad no convencional, las grandes empresas deben fomentar una cultura de innovación y colaboración que anime la experimentación, la creatividad y el aprendizaje continuo en toda la organización de seguridad. Esta cultura debe estar respaldada por mecanismos formales e informales para el intercambio de conocimientos, la generación de ideas y la resolución de problemas, como hackatones, desafíos de innovación y redes de aprendizaje entre pares. Las grandes empresas también deben involucrarse

activamente con socios externos, como universidades, *startups* y consorcios de la industria, para mantenerse informadas sobre las últimas investigaciones y desarrollos en ciberseguridad no convencional y para colaborar en proyectos e iniciativas conjuntas.

Al adaptar sus estrategias de ciberseguridad no convencional a sus contextos organizacionales y niveles de madurez específicos, las PYMES y las grandes empresas pueden aprovechar de manera más efectiva estas técnicas poderosas y transformadoras para mejorar su postura de seguridad y su resiliencia frente a amenazas avanzadas y emergentes. Sin embargo, esto requiere un enfoque proactivo, adaptativo y colaborativo que involucre a todas las partes interesadas y usuarios, y que evolucione y mejore continuamente basado en nuevos aprendizajes, desafíos y oportunidades.

Construyendo una Cultura de Ciberseguridad No Convencional

Elaborar una estrategia de ciberseguridad no convencional efectiva no solo implica seleccionar e implementar las herramientas y técnicas adecuadas, sino también fomentar una cultura de concienciación, responsabilidad e innovación en seguridad en toda la organización. Una cultura de ciberseguridad sólida es esencial para garantizar que todos los empleados y partes interesadas comprendan y adopten sus roles y responsabilidades en la protección de los activos y datos de la organización, y estén empoderados y motivados para adoptar y usar técnicas de seguridad no convencionales en su trabajo y toma de decisiones diaria.

Construir una cultura de ciberseguridad no convencional requiere un esfuerzo comprensivo y sostenido que va más allá de los programas tradicionales de concienciación y capacitación en seguridad. Involucra a todos los niveles y funciones de la organización, desde el liderazgo superior hasta los empleados de primera línea. Algunas estrategias clave y mejores prácticas para fomentar una cultura de ciberseguridad no convencional incluyen:

1. Liderar con el Ejemplo

Una de las formas más efectivas de construir una cultura de ciberseguridad no convencional es que los líderes y gerentes superiores lideren con el ejemplo y demuestren su compromiso y apoyo a la estrategia de ciberseguridad no convencional a través de sus palabras y acciones. Esto incluye comunicar regularmente la importancia y los beneficios de las técnicas no convencionales para los objetivos de seguridad y negocio de la organización, y modelar comportamientos y prácticas seguras en su trabajo y toma de decisiones.

Por ejemplo, los líderes superiores pueden participar en sesiones de inscripción y capacitación de biometría conductual y usar estas técnicas de autenticación y control de acceso. También pueden participar en ejercicios y simulaciones de tecnología de engaño y compartir sus aprendizajes y conocimientos con sus equipos y colegas. Al adoptar visiblemente y activamente la ciberseguridad no convencional, los líderes superiores pueden establecer el tono y las expectativas para el resto de la organización y crear un sentido de propiedad y responsabilidad compartida por la seguridad.

2. Incrustar la Seguridad en el ADN Organizacional

Para construir una cultura de ciberseguridad no convencional, las organizaciones deben incrustar la seguridad en sus valores, procesos y prácticas centrales y hacerla una parte integral de su ADN organizacional. Esto significa integrar consideraciones y requisitos de seguridad en todos los aspectos del negocio, desde la estrategia y planificación hasta el desarrollo de productos y el servicio al cliente, y garantizar que la seguridad no se vea como una función separada o onerosa, sino más bien como un habilitador y diferenciador para el éxito de la organización.

Por ejemplo, las organizaciones pueden incorporar métricas de seguridad e indicadores clave de rendimiento (KPI) en sus sistemas de gestión del desempeño y de incentivos, y recompensar a los empleados y equipos que demuestren una concienciación, innovación y resultados excepcionales en seguridad. También pueden incrustar campeones y expertos en seguridad dentro de cada unidad de negocio y función, quienes pueden proporcionar orientación, apoyo y defensa para las iniciativas de ciberseguridad no convencional, y ayudar a traducir los requisitos de seguridad en términos y resultados relevantes para el negocio.

3. Proporcionar Oportunidades Continuas de Aprendizaje y Desarrollo

Para mantenerse al día con el panorama de amenazas y el ecosistema tecnológico en rápida evolución, las organizaciones deben proporcionar oportunidades continuas de aprendizaje y desarrollo para sus empleados y partes interesadas, para construir y mantener sus habilidades y conocimientos en ciberseguridad no convencional. Esto incluye ofrecer una variedad de programas de capacitación formales e informales, como cursos presenciales, módulos de aprendizaje en línea, laboratorios prácticos y simulaciones, y sesiones de tutoría y coaching que se adapten a diferentes estilos, preferencias y necesidades de aprendizaje.

Por ejemplo, las organizaciones pueden desarrollar un currículo integral y un programa de certificación para la ciberseguridad no convencional que cubra biometría conductual, tecnologías de engaño, caza de amenazas impulsada por IA y criptografía cuántica, proporcionando a los empleados rutas de aprendizaje claras y oportunidades de avance profesional. También pueden asociarse con proveedores externos de capacitación y certificación, como universidades, asociaciones industriales y proveedores de seguridad, para ofrecer contenido y credenciales especializadas y de vanguardia.

4. Fomentar la Innovación y la Experimentación

Para desatar el pleno potencial de la ciberseguridad no convencional, las organizaciones deben fomentar una cultura de innovación y experimentación, donde los empleados y equipos estén alentados y empoderados para probar nuevas ideas, desafiar suposiciones y aprender de los fracasos. Esto requiere crear un entorno seguro y de apoyo para la toma de riesgos y la creatividad, donde las personas se sientan cómodas compartiendo sus pensamientos, ideas y preocupaciones, y sean reconocidas y recompensadas por sus contribuciones y logros.

Por ejemplo, las organizaciones pueden establecer laboratorios de innovación, hackatones y eventos de desafíos, donde los empleados y equipos puedan colaborar y competir para desarrollar nuevas soluciones y casos de uso de ciberseguridad no convencional. También pueden proporcionar financiamiento, recursos y apoyo para proyectos e iniciativas liderados por empleados, como desarrollar nuevos algoritmos de biometría conductual, crear *honeypots* de tecnología de engaño o pilotar criptografía cuántica para comunicaciones seguras.

5. Celebrar y Comunicar Historias de Éxito

Finalmente, para reforzar y sostener una cultura de ciberseguridad no convencional, las organizaciones deben celebrar y comunicar las historias de éxito y los impactos de sus iniciativas de ciberseguridad no convencional, tanto interna como externamente. Esto incluye compartir estudios de caso, testimonios y métricas que muestren cómo las técnicas no convencionales han ayudado a prevenir, detectar y responder a amenazas y ataques cibernéticos del mundo real, y cómo han entregado beneficios y resultados comerciales tangibles, como la reducción del riesgo, la mejora del cumplimiento, la experiencia mejorada del usuario y el aumento de la agilidad y la resiliencia.

Por ejemplo, las organizaciones pueden publicar boletines de seguridad, blogs y publicaciones en redes sociales que destaquen los logros, innovaciones y mejores prácticas más recientes en ciberseguridad no convencional, y reconocer a las personas y equipos que han hecho contribuciones significativas. También pueden participar en conferencias de la industria, seminarios web y entrevistas con medios de comunicación para compartir sus historias e ideas sobre ciberseguridad no convencional con pares, clientes y socios, y construir su marca y reputación como líderes e innovadores en seguridad.

Al celebrar y comunicar los éxitos e impactos de la ciberseguridad no convencional, las organizaciones pueden crear un ciclo de retroalimentación positivo que refuerce y amplifique la cultura de concienciación, propiedad e innovación en seguridad, y que inspire y motive a los empleados y partes interesadas a seguir empujando los límites de lo que es posible en ciberseguridad.

Conclusión

En este capítulo, hemos explorado los principios fundamentales, estrategias y mejores prácticas para elaborar una estrategia de ciberseguridad no convencional efectiva y sostenible que pueda ayudar a las organizaciones a mantenerse a la vanguardia y prosperar frente a amenazas y desafíos cibernéticos en constante evolución. La ciberseguridad no convencional requiere un enfoque holístico, adaptativo y centrado en el humano, que va más allá de los controles de seguridad tradicionales y los requisitos de cumplimiento, y que aprovecha las últimas tecnologías, técnicas y talentos para crear una postura de seguridad más dinámica y resiliente.

Hemos discutido cómo integrar técnicas de ciberseguridad no convencional, como la biometría conductual, las tecnologías de engaño, la caza de amenazas impulsada por IA y la criptografía cuántica, en una arquitectura de seguridad coherente y unificada que pueda proporcionar protección integral y contextual en toda la superficie y el ciclo de vida de ataque. También hemos examinado cómo adaptar las estrategias de ciberseguridad no convencional a diferentes tamaños de organizaciones y niveles de madurez, y cómo priorizar y secuenciar iniciativas basadas en el riesgo, el impacto y la factibilidad.

Finalmente, hemos enfatizado la importancia crítica de construir una cultura fuerte y sostenible de ciberseguridad no convencional, donde todos los empleados y partes interesadas estén conscientes, comprometidos y empoderados para adoptar e innovar con nuevas técnicas y prácticas de seguridad. Hemos proporcionado estrategias concretas y ejemplos para fomentar una cultura de liderazgo en seguridad, propiedad, aprendizaje, experimentación y éxito, y para crear un ciclo virtuoso de mejora continua y creación de valor.

Como hemos visto a lo largo de este libro, la ciberseguridad no convencional no es un destino único ni una bala de plata, sino más bien un viaje continuo y una mentalidad que requiere curiosidad, creatividad y colaboración de todas las partes y niveles de la organización. Al abrazar lo no convencional y lo incómodo, y desafiar el statu quo y las suposiciones, las organizaciones pueden desbloquear nuevas posibilidades y potenciales en ciberseguridad, y crear un futuro más seguro, resiliente y exitoso para sí mismas y sus partes interesadas.

Por supuesto, el camino hacia la ciberseguridad no convencional puede ser desafiante y las organizaciones enfrentarán muchos obstáculos, contratiempos e incertidumbres. Tendrán que navegar por desafíos técnicos, operativos y culturales complejos, y equilibrar los beneficios y riesgos de enfoques nuevos y no probados. También deberán adaptar y evolucionar continuamente sus estrategias y tácticas basadas en nuevas amenazas, tecnologías y realidades comerciales. Y tendrán que colaborar y aprender de otros en la industria y más allá.

Sin embargo, con la visión, el liderazgo y la ejecución adecuados, las organizaciones pueden convertir estos desafíos en oportunidades y crear una ventaja competitiva y un activo estratégico a partir de sus capacidades de ciberseguridad no convencional. Pueden volverse más ágiles, innovadoras y centradas en el cliente, generando más valor y confianza para sus empleados, clientes y socios. También pueden contribuir al mayor bien y a la seguridad colectiva del ecosistema digital al compartir sus conocimientos, mejores prácticas y lecciones aprendidas con otros, y al trabajar juntos para co-crear un futuro más seguro y sostenible para todos.

Entonces, al concluir este libro, te invitamos y desafiamos a embarcarte en tu propio viaje de ciberseguridad no convencional, y a explorar y experimentar con las técnicas, estrategias e ideas que hemos presentado aquí. Te animamos a pensar en grande y empezar poco a poco, a aprender rápido y fallar hacia adelante, y a colaborar y co-crear con otros en tu organización y más allá. Esperamos que este libro te sirva como un recurso valioso, una inspiración y un compañero en el camino, y que te ayude a desbloquear tu potencial e impacto en el emocionante y siempre cambiante campo de la ciberseguridad.

Gracias por leer y feliz (no convencional) ciberseguridad.

Apéndice A: Glosario de Términos y Conceptos Clave

- **Amenaza Persistente Avanzada (APT):** Un ataque cibernético sigiloso y continuo en el que un intruso establece una presencia no detectada en una red para robar datos sensibles durante un período prolongado.

- **Biometría Conductual:** Un tipo de autenticación biométrica que utiliza patrones únicos de comportamiento humano, como la dinámica de pulsaciones de teclas, los movimientos del ratón o las interacciones con la pantalla táctil, para verificar la identidad de un usuario.

- **Blockchain:** Tecnología de libro mayor descentralizada y distribuida que registra transacciones de manera segura, transparente e inmutable sin la necesidad de una autoridad central o intermediario.

- **Tecnología de Engaño:** Enfoque de ciberseguridad que utiliza señuelos, trampas y cebos para detectar, engañar y desviar a los atacantes lejos de los activos y sistemas reales, y recopilar inteligencia sobre sus tácticas, técnicas y procedimientos (TTPs).

- **Honeypot:** Un sistema o red de señuelo diseñado para atraer y atrapar a los atacantes, y recopilar información sobre sus actividades y métodos.

APÉNDICE A: GLOSARIO DE TÉRMINOS Y CONCEPTOS CLAVE

- **Honeytoken:** Una entidad digital, como una credencial falsa, documento o registro de datos, utilizada como cebo para detectar y rastrear intentos de acceso no autorizado o exfiltración.

- **Indicador de Compromiso (IoC):** Una pieza de evidencia forense, como un hash de archivo, nombre de dominio o dirección IP, que indica una posible intrusión o infección por malware en un sistema o red.

- **Criptografía Cuántica:** Un tipo de criptografía que utiliza los principios de la mecánica cuántica, como el principio de incertidumbre y el entrelazamiento, para permitir una comunicación y un intercambio de claves probadamente seguros entre las partes.

- **Distribución de Claves Cuánticas (QKD):** Un método para intercambiar claves criptográficas de manera segura entre las partes utilizando las propiedades de la mecánica cuántica, como el teorema de no clonación y el principio de medición.

- **Orquestación, Automatización y Respuesta de Seguridad (SOAR):** Tecnología y enfoque que permiten la integración, automatización y coordinación de procesos y herramientas de seguridad en todo el ecosistema de seguridad de una organización, mejorando la velocidad, eficiencia y efectividad de la respuesta a incidentes y operaciones de seguridad.

- **Caza de Amenazas:** Un enfoque proactivo e iterativo para buscar e identificar amenazas avanzadas que evaden los controles de seguridad y la monitorización tradicionales. Utiliza técnicas automatizadas y manuales, como análisis de datos, aprendizaje automático y experiencia humana.

- **Arquitectura de Confianza Cero:** Modelo de seguridad que asume que ningún usuario, dispositivo o red debe ser confiado por defecto y requiere autenticación, autorización y cifrado continuos de todos los accesos y comunicaciones basados en políticas granulares y dinámicas, y evaluaciones de riesgo.

Apéndice B: Herramientas y Software Recomendados para Ciberseguridad No Convencional

1. Biometría Conductual:

- **BehavioSec:** Un proveedor líder de soluciones de biometría conductual para la detección de fraudes y autenticación continua.
- **BioCatch:** Una plataforma de biometría conductual que utiliza el aprendizaje automático para analizar las interacciones de los usuarios y detectar fraudes y robos de identidad.
- **SecureAuth:** Una plataforma de gestión de identidad y acceso que incorpora biometría conductual para la autenticación adaptativa y el control de acceso basado en riesgos.

2. Tecnología de Engaño:

- **Attivo Networks:** Una plataforma de engaño que proporciona señuelos, trampas y cebos para detectar y engañar a los atacantes en entornos de puntos finales, redes y nubes.
- **Illusive Networks:** Esta solución de tecnología de engaño utiliza técnicas sin agentes y basadas en inteligencia para crear una densa

red de información y activos falsos que engañan y detectan a los atacantes.
- **TrapX:** Una plataforma de ciberseguridad basada en el engaño que utiliza tecnología de emulación y señuelo para detectar y desviar amenazas avanzadas y ataques de día cero.

3. Caza de Amenazas Impulsada por IA:

- **Darktrace:** Una plataforma de detección de amenazas y respuesta autónoma impulsada por IA que utiliza el aprendizaje automático y análisis conductuales para identificar y neutralizar amenazas avanzadas en tiempo real.
- **Vectra:** Una plataforma de detección y respuesta a amenazas que utiliza IA y aprendizaje automático para detectar, priorizar e investigar amenazas ocultas y anomalías en redes de nube, centros de datos y empresas.
- **Cybereason:** Una plataforma de detección y respuesta en puntos finales (EDR) que utiliza IA y análisis conductuales para cazar amenazas avanzadas y actividades maliciosas en puntos finales y redes.

4. Criptografía Cuántica:

- **ID Quantique:** Proveedor de soluciones de criptografía segura cuántica, incluyendo sistemas de distribución de claves cuánticas (QKD) y generadores de números aleatorios cuánticos (QRNGs).
- **QuantumCTek:** Una empresa de tecnología de comunicación cuántica que ofrece sistemas y soluciones de QKD para comunicación segura y protección de datos.

- **QuintessenceLabs:** Una empresa de ciberseguridad cuántica que proporciona soluciones de gestión de claves y cifrado mejoradas cuánticamente para empresas y gobiernos.

5. **Orquestación, Automatización y Respuesta de Seguridad (SOAR):**

- **Splunk Phantom:** Una plataforma SOAR que permite a los equipos de seguridad automatizar y orquestar sus flujos de trabajo de respuesta a incidentes y operaciones de seguridad a través de múltiples herramientas y sistemas.
- **Demisto:** Una plataforma SOAR que combina orquestación de seguridad, gestión de incidentes e investigación interactiva en una plataforma unificada de operaciones y respuesta de seguridad.
- **Siemplify:** Una plataforma de operaciones de seguridad que utiliza automatización y orquestación basadas en contexto para agilizar y acelerar los procesos de respuesta a incidentes y caza de amenazas.

6. **Arquitectura de Confianza Cero:**

- **Palo Alto Networks:** Una empresa de ciberseguridad que ofrece una plataforma integral de Confianza Cero, incluyendo firewalls de próxima generación, seguridad en la nube y soluciones de borde de servicio de acceso seguro (SASE).
- **Akamai:** Un proveedor de seguridad en la nube y red de entrega de contenido (CDN) que ofrece un marco de seguridad de Confianza Cero para asegurar aplicaciones web, APIs y acceso empresarial.
- **Okta:** Una plataforma de gestión de identidad y acceso que permite a las organizaciones implementar principios y políticas de Confianza Cero para un acceso seguro y sin problemas a aplicaciones en

la nube y locales.

Apéndice C: Recursos Adicionales y Lecturas Recomendadas

1. Libros:

- **"Hands-On Cybersecurity with Blockchain"** por Rajneesh Gupta y Sabhyata Gupta
- **"Mastering Machine Learning for Penetration Testing"** por Chiheb Chebbi
- **"Practical Cyber Intelligence"** por Wilson Bautista Jr.
- **"Quantum Computing and Quantum Information"** por Michael A. Nielsen e Isaac L. Chuang
- **"Security Orchestration, Automation, and Response"** por Dave Shackleford
- **"Zero Trust Networks: Building Secure Systems in Untrusted Networks"** por Evan Gilman y Doug Barth

2. Cursos y Certificaciones en Línea:

- **Cybrary:** Ofrece varios cursos en línea y certificaciones sobre temas de ciberseguridad, incluyendo biometría conductual, tecnología de engaño, caza de amenazas y SOAR.
- **SANS Institute:** Proporciona capacitación práctica y certifica-

ciones en varios dominios de ciberseguridad, como respuesta a incidentes, inteligencia de amenazas y seguridad en la nube.
- **Coursera:** Ofrece cursos en línea y especializaciones en ciberseguridad, aprendizaje automático y computación cuántica de universidades líderes y socios de la industria.
- **Udemy:** Este sitio ofrece una variedad de cursos en línea sobre ciberseguridad, IA y tecnologías emergentes impartidos por instructores y profesionales expertos.

3. **Artículos y Trabajos de Investigación:**

- **"Behavioral Biometrics for Continuous Authentication in the Internet of Things Era"** por Mahesh Babu Mariappan et al. (IEEE Access, 2020)
- **"Deception Technology: An Overview and Research Challenges"** por Saurabh Singh et al. (Computers & Security, 2019)
- **"A Survey on Quantum Cryptography"** por Laszlo Gyongyosi et al. (IEEE Communications Surveys & Tutorials, 2019)
- **"Threat Hunting: Methodologies, Tools and Tips for Success"** por David J. Bianco (SANS Institute, 2016)
- **"The Future of Security Orchestration, Automation, and Response"** por Jon Oltsik (ESG, 2019)
- **"Zero Trust Architecture"** por Scott Rose et al. (NIST Special Publication 800-207, 2020)

4. **Blogs y Sitios Web de la Industria:**

- **Dark Reading:** Un recurso líder en noticias e información sobre ciberseguridad que cubre las últimas tendencias, amenazas y

APÉNDICE C: RECURSOS ADICIONALES Y LECTURAS RECOMENDADAS

tecnologías en el campo.
- **Krebs on Security:** Un popular blog de ciberseguridad por Brian Krebs, un periodista de investigación independiente y experto en cibercrimen y seguridad en línea.
- **The Hacker News:** Una fuente confiable para noticias de ciberseguridad, análisis y perspectivas sobre los últimos incidentes de hacking, vulnerabilidades y estrategias de defensa.
- **Threatpost:** Un sitio de noticias independiente y recurso de información que ofrece una cobertura profunda y comentarios sobre el panorama de la ciberseguridad y su impacto en empresas e individuos.
- **CSO Online:** Este sitio web y revista en línea proporciona información estratégica y práctica sobre ciberseguridad, gestión de riesgos y protección de datos para ejecutivos y profesionales de seguridad.

5. Conferencias y Eventos:

- **Black Hat:** Una conferencia de ciberseguridad líder que reúne a investigadores de seguridad, practicantes y proveedores para discutir las últimas tendencias, amenazas y tecnologías en el campo.
- **DEF CON:** Una de las convenciones de hackers más grandes y populares del mundo, que presenta charlas, talleres y concursos sobre varios aspectos de ciberseguridad y cultura hacker.
- **RSA Conference:** Un evento de ciberseguridad de primer nivel que reúne a líderes de la industria, expertos e innovadores para compartir conocimientos e ideas sobre los últimos desafíos y soluciones de seguridad.
- **Gartner Security & Risk Management Summit:** Una conferencia anual que proporciona orientación estratégica y práctica sobre

ciberseguridad, gestión de riesgos y cumplimiento para líderes de seguridad y negocios.
- **Quantum Computing Summit:** Una conferencia que se enfoca en los últimos avances y aplicaciones de la computación cuántica, incluyendo la criptografía cuántica y la seguridad cuántica segura.

Estos recursos y referencias pueden proporcionar profundidad adicional, contexto e información sobre los temas y técnicas cubiertos en este libro. Pueden ayudar a los lectores a mantenerse actualizados sobre los últimos desarrollos y mejores prácticas en ciberseguridad no convencional. Sin embargo, esta es una lista parcial, y se alienta a los lectores a explorar y descubrir otras fuentes relevantes y valiosas según sus intereses, necesidades y objetivos específicos.

About the Author

Edgardo Fernández Climent es un líder de TI con más de dos décadas de experiencia, conocido por sus excepcionales habilidades de liderazgo y visión estratégica en los ámbitos de infraestructura, redes y ciberseguridad. Con una sólida formación educativa, incluyendo un MBA y una Maestría en Sistemas de Información de Gestión, combinada con certificaciones de la industria como PMP, ITIL4 y Security+, Edgardo ha demostrado consistentemente su capacidad para liderar organizaciones a través de transformaciones tecnológicas complejas. Su compromiso de mantenerse a la vanguardia de las tecnologías emergentes, fomentar una cultura de aprendizaje continuo y mentorizar a la próxima generación de profesionales de TI lo ha convertido en un consultor muy buscado en la industria. El estilo de liderazgo de Edgardo, caracterizado por construir relaciones fuertes, promover la colaboración y generar resultados, le ha permitido entregar un valor significativo a las organizaciones que buscan impulsar la innovación, optimizar su infraestructura de TI y fortalecer su postura de ciberseguridad.

You can connect with me on:

- https://fernandezcliment.com
- https://twitter.com/efernandezclime
- https://www.facebook.com/edgardo.fernandez.climent
- https://amazon.com/author/efernandezcliment

Subscribe to my newsletter:

- https://fernandezcliment.com/join-our-mail-list

Also by Edgardo Fernandez Climent

Implementando el Marco de Ciberseguridad NIST 2.0: Una Guía Completa para Profesionales de TI en PyMES

En la era digital actual, las pequeñas y medianas empresas (PyMES) se enfrentan a una miríada de amenazas cibernéticas que pueden tener consecuencias devastadoras. Este libro es una guía indispensable para los profesionales de TI que buscan fortalecer la postura de ciberseguridad de sus organizaciones utilizando el renombrado Marco de Ciberseguridad NIST 2.0.

Escrito por Edgardo Fernandez Climent, un experto en ciberseguridad con amplia experiencia en el sector de las PyMES, este libro ofrece un enfoque paso a paso para implementar el Marco NIST de manera efectiva. A través de explicaciones claras, estudios de casos reales y consejos prácticos, los lectores aprenderán a evaluar y gestionar los riesgos de ciberseguridad, implementar controles de seguridad, desarrollar capacidades de respuesta a incidentes y mucho más.

El libro está organizado en capítulos que cubren los aspectos clave del Marco NIST, incluyendo:

- Fundamentos del Marco de Ciberseguridad NIST 2.0 y su relevancia para las PyMES
- Evaluación y gestión de riesgos de ciberseguridad
- Implementación de controles de seguridad y mejores prácticas
- Desarrollo de un plan de respuesta a incidentes y capacidades de recuperación
- Fomento de una cultura de concientización sobre ciberseguridad
- Mantenimiento y mejora continua de la postura de ciberseguridad

Además, el libro aborda los desafíos únicos que enfrentan las PyMES, como recursos limitados y falta de experiencia en ciberseguridad, y proporciona estrategias pragmáticas para superarlos.

Ya sea que seas un profesional de TI, un gerente de PyME o un propietario de negocio, esta guía completa te equipará con el conocimiento y las herramientas necesarias para proteger tu organización de las crecientes amenazas cibernéticas. Con "Implementando el Marco de Ciberseguridad NIST 2.0", estarás preparado para navegar por el complejo panorama de la ciberseguridad y mantener tus activos críticos seguros y protegidos.

No esperes a ser víctima de un ciberataque. ¡Adquiere este libro hoy mismo y da el primer paso hacia una postura de ciberseguridad sólida y resiliente!

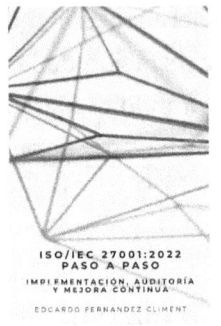

ISO/IEC 27001:2022 Paso a Paso: Implementación, Auditoría y Mejora Continua

En un mundo donde la seguridad de la información se ha convertido en una prioridad para organizaciones de todos los tamaños, la norma ISO/IEC 27001:2022 emerge como el estándar de oro para establecer, implementar, mantener y mejorar continuamente un Sistema de Gestión de Seguridad de la Información (SGSI). **"ISO/IEC 27001:2022 Paso a Paso"** es su guía definitiva para comprender e implementar este estándar esencial de manera eficaz.

Este libro está diseñado para llevarlo de la mano a través del complejo proceso de certificación de ISO/IEC 27001, desglosando cada etapa en pasos claros y manejables. Desde la planificación inicial y la evaluación de riesgos hasta la implementación de controles de seguridad y la preparación para la auditoría de certificación, este libro cubre todo lo que necesita saber para asegurar su información y lograr la certificación.

A través de explicaciones detalladas, ejemplos prácticos y casos de estudio, este libro ofrece una visión profunda de los requisitos de la norma y cómo estos se aplican en diferentes contextos organizacionales. Además, le proporciona estrategias prácticas, consejos y trucos para superar los desafíos comunes en la implementación y auditoría del SGSI.

"ISO/IEC 27001:2022 Paso a Paso" no solo está dirigido a profesionales de TI y seguridad de la información, sino también a gerentes y responsables de la implementación de la norma en sus organizaciones. Con un enfoque claro en la mejora continua, este libro es una herramienta indispensable para mantener su SGSI alineado con las mejores prácticas y adaptado a los cambios tecnológicos y a las nuevas amenazas de seguridad.

Ya sea que esté buscando certificar su organización por primera vez o actualizar su SGSI existente a la última versión del estándar, este libro es su compañero perfecto, proporcionando la orientación experta y los recursos necesarios para lograr sus objetivos de seguridad de la información.

Curso de ITIL4 para Profesionales de TI

Este libro es una guía exhaustiva y accesible diseñada para introducir y profundizar en el marco de ITIL4, la última evolución en las mejores prácticas de gestión de servicios de TI. A lo largo de sus capítulos, el libro desgrana los principios fundamentales, las prácticas clave, y las estrategias de implementación de ITIL4, brindando tanto a los novatos como a los profesionales experimentados en ITSM los conocimientos necesarios para mejorar la eficiencia, efectividad y alineación de los servicios de TI con los objetivos de negocio.

Desde un inicio, el texto establece una sólida comprensión de ITIL4, explicando su importancia en el contexto actual de transformación digital y cómo puede servir como un catalizador para la mejora continua dentro de las organizaciones. Se exploran en detalle las prácticas de gestión de servicios, desde la gestión de incidentes y problemas hasta la gestión de cambios, proporcionando pasos claros y consejos prácticos para su implementación efectiva.

A través de casos de estudio y ejemplos reales, se ilustran las aplicaciones prácticas de ITIL4 en diversos contextos, incluyendo pequeñas y medianas empresas, grandes corporaciones y el sector público, ofreciendo una visión realista de los desafíos y beneficios asociados con su implementación.

Un aspecto clave del libro es su enfoque en la educación continua y el desarrollo profesional, proporcionando una amplia gama de recursos, herramientas y consejos para aquellos que buscan avanzar en su comprensión y aplicación de ITIL4. Se incluyen recomendaciones de libros, cursos, certificaciones y comunidades en línea para apoyar el aprendizaje y el intercambio de conocimientos entre profesionales de ITSM.

En resumen, este libro actúa como un recurso integral para cualquiera que busque implementar o mejorar sus prácticas de gestión de servicios de TI utilizando ITIL4. Con su enfoque práctico, consejos detallados y ejemplos relevantes, es una herramienta indispensable para facilitar la transición a un modelo de gestión de servicios más ágil, resiliente y alineado con las necesidades del negocio.

www.ingramcontent.com/pod-product-compliance
Lightning Source LLC
Chambersburg PA
CBHW071205240526
45470CB00018B/1455